José-Alain Fralon

Der Gerechte von Bordeaux

José-Alain Fralon

Der Gerechte von Bordeaux

Wie Aristides de Sousa Mendes
30.000 Menschen
vor dem Holocaust bewahrte

 Verlag Urachhaus

Deutsch von Manfred Flügge

Die Originalausgabe erschien im Jahr 1998 unter dem Titel
Aristides de Sousa Mendes. Le Juste de Bordeaux
im Verlag Mollat, Bordeaux.

ISBN 978-3-8251-7768-3

Erschienen 2011 im Verlag Urachhaus
www.urachhaus.com

Umschlaggestaltung: U. Weismann
Umschlagabbildung: Aristides de Sousa Mendes um 1920
(aus dem Archiv der Familie von Aristides de Sousa Mendes)
Gesamtherstellung: CPI – Clausen & Bosse, Leck

Für Pascale, Georges und Quentin

Ohne die Hilfe der Kinder von Aristides de Sousa Mendes, vor allem der von Pedro Nuno de Sousa Mendes und von Marie Rose Faure, wäre es unmöglich gewesen, dieses Buch zu schreiben. Ebenso wenig ohne die Freundschaft von Antonio Moncada, dem Enkel, der stolz die Fahne des Gedenkens an seinen Großvater hochhält.
In Bordeaux hat uns der Klosterbruder Jacques Rivière seine Begeisterung vermittelt.
In Lissabon hat uns Diana Andringa die Ergebnisse ihrer umfangreichen Arbeiten für ihre Reportage *Der geächtete Konsul* zugute kommen lassen.

Ihnen allen gilt mein Dank, ebenso wie jenen, die mir, von Brüssel bis San Francisco, ihr direktes oder indirektes Zeugnis über das Leben Aristides de Sousa Mendes' haben zukommen lassen.

J.-A. Fralon

Inhaltsverzeichnis

Prolog

Sie warteten.

Zu Tausenden warteten sie in der Hitze des Sommers von Bordeaux.

Einige waren am Abend zuvor aus Paris abgereist. Andere kamen aus Riga, Warschau oder Berlin und hatten schon vor Wochen, ja vor Monaten den Weg ins Exil genommen.

Alle flüchteten vor den Barbaren, deren Schatten nun auf ganz Europa fiel.

Man nannte sie Flüchtlinge. Heute weiß man, dass sie schlicht zum Tode Verurteilte waren.

Um ihr Leben zu retten, benötigten sie nur eine Unterschrift auf ihrem Pass.

Doch der einzige Mensch, der ihnen diese Unterschrift geben konnte, hatte nicht die Erlaubnis dafür. Weil sie Juden waren oder Polen oder Staatenlose. Oder »von unbestimmter Nationalität«. Oder schlicht unerwünscht.

Wie viele hätten ihre Hände in Unschuld gewaschen und sich den Anordnungen ihrer Vorgesetzten gebeugt? »Ist nicht meine Angelegenheit!«

Er nicht.

Er hieß Aristides de Sousa Mendes.

Die Zwillinge aus der Beira Alta

Wir befinden uns noch im 19. Jahrhundert.
In den frühen Morgenstunden des 19. Juli 1885 wird in der Casa do Aido in Cabanas do Viriato Aristides de Sousa Mendes do Amaral e Abranches geboren.
Knapp zehn Minuten zuvor ist sein Zwillingsbruder César zur Welt gekommen. In der Geburtsurkunde wird man ihn am 18. Juli eintragen. Die Karten sind damit verteilt: César, der »Ältere«, ernsthaft, gehorsam und introvertiert, wird immer über Aristides, den »Kleinen«, redselig, großherzig und launisch, wachen.
Ihre Kindheit wird sich im kleinen Umkreis der Beira Alta abspielen, im Norden Portugals, dort, wo die Gipfel der Serra da Estrela manchmal bis zu zweitausend Metern Höhe aufragen. »Dies ist eines der Herzstücke meines Landes«, meint der Schriftsteller und Journalist Fernando Dacosta, »dessen Einwohner die Haupteigenschaften der Portugiesen in sich vereinen: Empfindsamkeit, Erdverbundenheit, Autoritätsgläubigkeit, Ehrgefühl.«[1]
Cabanas liegt in der Mitte eines Dreiecks, das von drei eigentümlichen Städten gebildet wird: Viseu im Westen, Guarda im Osten und Coimbra im Süden. »Das hochmütige Viseu, die alte Hauptstadt der Beira Alta, lebt von den Produkten des Umlands, in der Gewissheit, die Heimat von Viriato zu sein, dem lusitanischen Helden, der den Römern so einen Schrecken eingejagt hat«, schreibt Hélène Gourby.[2]

Guarda, die am höchsten gelegene Stadt Portugals, ist einer Redensart zufolge »hässlich und kalt«. Diese alte Festung ist streng und karg, sie bewacht die Grenze zum Erbfeind, jenem Spanien, aus dem, wie eine andere portugiesische Redensart behauptet, weder gute Winde noch gute Ehepartien kommen.

Im Süden liegt das lichtvolle Coimbra mit seiner Oberstadt, die von der Universität beherrscht wird. Nachdem man es von den Sarazenen zu Beginn des 11. Jahrhunderts zurückerobert hatte, wurde es die Hauptstadt einer Grafschaft – wenn man Jean-François Labourdette glaubt, das zweite politische Zentrum des späteren Portugal; das erste war eine weiter südlich gelegene Grafschaft, die von der Dynastie der Mendes' beherrscht wurde.[3]

Als Hauptstadt des Königreichs im 12. Jahrhundert war Coimbra der Ausgangspunkt der *Reconquista*, der Rückeroberung der Iberischen Halbinsel durch christliche Nachkommen der Bevölkerung des Westgotenreichs, aus der Portugal hervorging – ein Land, das mit Recht darauf verweisen kann, die ältesten Grenzen Europas zu besitzen.

In Coimbra spielte sich auch eine der seltsamsten und schönsten Liebesgeschichten aller Zeiten ab: die Geschichte des Prinzen Pedro, Sohn des Königs Alfonso IV., der in Inês verliebt war, eine Ehrenjungfer seiner Gemahlin Konstanze von Kastilien. Der König wollte Inês vom Hof entfernen und ließ sie in Coimbra im Kloster Santa Clara einsperren. Dort weinte sie so sehr, dass aus ihren Tränen die sogenannte Liebesquelle entstand.

Als Konstanze 1345 starb, schlich Pedro zu Inês ins Kloster und heiratete sie heimlich. Zehn Jahre später ließ der König sie ermorden. Pedro revoltierte, eroberte den Thron, enthüllte seine heimliche Hochzeit und ließ den Mördern seiner Frau das Herz aus dem Leib reißen. Inês' Leiche wurde exhumiert und der

Hofstaat zog in einer erhabenen und morbiden Zeremonie an ihr vorbei. Luis de Camões und Henri de Montherlant sollten später »Die tote Königin« besingen.[4]

Dieser bergige Norden, die Heimat der Familie Sousa Mendes, steht unter dem Einfluss einer Kirche, die hier viel mächtiger ist als im Süden des Landes. Die Bauernfamilien, die auf winzigen Ackerflächen leben, sind ganz fest mit der Erde ihrer Vorfahren verbunden; das unterscheidet sie vom ländlichen, nomadischen Proletariat des Südens. Mit ein wenig Übertreibung könnte man sagen, der katholische und konservative Norden steht einem progressiven und atheistischen Süden gegenüber.

Wenn Portugal die ältesten Grenzen des europäischen Kontinents besitzt, wenn die Geschichte ihm eine wirkliche Homogenität verliehen hat, wenn es eines der wenigen Länder Europas ist, das eine fast vollkommene sprachliche Einheit aufweist, so ist das Land doch unbestreitbar in zwei Teile gespalten – *o Mediterraneo* und *o Atlantico* –, die »in allem einander entgegengesetzt sind, außer in dem Bewusstsein, zu einer Nation zu gehören«.[5]

Zu diesem Einschnitt zwischen Norden und Süden durch die beiden Ufer des Flusses Tejo, den die Geografie geschaffen hat, kommt noch der Unterschied zwischen dem Portugal der Küste und jenem des Binnenlandes, den die Geschichte geschaffen hat.

Aristides und César de Sousa Mendes gehören zur Aristokratie des Nordens, ländlich und katholisch, konservativ und monarchistisch.

Ihr Vater, José de Sousa Mendes, ist Richter am Berufungsgericht von Coimbra. »Ein sehr gerechter, zutiefst gütiger Mann, der sich sehr um das Schicksal der Häftlinge kümmerte und der alle Geschenke ablehnte, die ihm seine Nachbarn unablässig brachten, Olivenöl, Orangen, Wein oder Hähnchen« – so wird er heute beschrieben. Kräftig, stets im schwarzen Anzug, auf dem sich die goldene Kette seiner Uhr abhob, mit dichtem, vollem Haar und ebenso dunklen, fast kohlschwarz glänzenden Augen, erweckt José de Sousa Mendes den Eindruck von konzentrierter Kraft.

Seine Gemahlin Angelina hat dagegen den Ruf einer besonders strengen Frau behalten. So erzählt man, sie habe einer ihrer Dienerinnen, die ihr mitgeteilt hatte, dass sie zu heiraten beabsichtige, geantwortet: »Wenn du heiratest, kannst du hier nicht mehr arbeiten«, worauf die Dienerin es unterließ.

Am 28. April 1889, weniger als vier Jahre nach Aristides' und Césars Geburt, wurde in dem etwa zwanzig Kilometer entfernten Dorf Vimeiro in einer nicht sehr wohlhabenden Familie ein gewisser Antonio de Oliveira Salazar geboren. Die Familie war zutiefst katholisch und lebte in einem einstöckigen Haus, das direkt an der Straße stand. Der Vater war Gutsverwalter eines Landbesitzers.

Jean-Paul Franceschini schreibt: »Es ist nicht ohne Bedeutung, dass der künftige Herr des Landes in seiner Kindheit den getreuen Verwalter, den man aus der Bibel kennt, bewundert und geliebt hat, dass er jeden Abend zugehört hat, wenn die Abrechnungen überprüft oder die Erntemengen geschätzt wurden.«[6]

Seine Mutter, die von großer Frömmigkeit ist, beeinflusst ihn so sehr, dass der junge Antonio später, entgegen dem portugiesischen Brauch, ihren Namen annehmen wird: Maria do Resgate Salazar.

Hat der kleine Salazar in seiner Jugend Aristides oder César de Sousa Mendes getroffen? Wahrscheinlich, aber eher so, wie ein Kind armer Leute die Kinder der Reichen vorbeigehen sieht, mit

14

Das Haus der Familie Sousa Mendes in Cabanas de Viriato in seinem heutigen Zustand.

einer Mischung aus Bewunderung und Hass. Schließlich hätte sein Vater ebenso Gutsverwalter bei den Sousa Mendes' sein können.

Die Familie Sousa Mendes, deren Wurzeln weit in die Geschichte Portugals zurückreichen, ist eine der bekanntesten der ganzen Region. Aristides' Großvater, Manuel Alves de Sousa, ein reicher Gutsbesitzer, stammt vom persönlichen Sekretär des Königs João VI. ab, der sein Land verließ und nach Brasilien flüchtete, als die Eroberung Portugals durch Napoleons Armeen bevorstand. Seine Großmutter, Raquel Augusta Mendes da Gama, die in einem riesigen Palast geboren wurde, entstammte dem Landadel.

Aristides' Vater José heiratete Angelina do Amaral e Abranches (besagte Strenge), die über ihre Mutter, Maria dos Prazeres Ribeiro de Abranches, vom Vicomte de Midões abstammt, einem der »größten Häuser« Portugals. Da der Apfel nicht weit vom Stamm fällt, wurde der Vicomte de Midões während des Bürgerkriegs zu Beginn des 20. Jahrhunderts ins Gefängnis gesperrt, da er »liberale« Positionen vertreten hatte. Gegenüber den Vertretern eines monarchistischen Absolutismus gehörte er zu jenen, die die Einführung einer Verfassung forderten.

Die Sousa Mendes' sind auch mit einer anderen, sehr alten Adelsfamilie des Landes verwandt. In einer Chronik ist davon die Rede, ein portugiesischer Ritter namens Alvaro Vaz de Almada sei nach England gereist, um die Ehre einer Dame zu verteidigen, die von »teutonischen« Rittern beleidigt worden wäre. Eben dieser Ritter schlug sich bei der Eroberung der Stadt Avranches in der Normandie so tapfer, dass man ihm den Hosenbandorden verlieh sowie den Titel Graf von Avranches, was in portugiesischer Aussprache zu Abranches wurde. Aristides' beiden Söhne, die im Juli 1944 in den Reihen der amerikanischen Armee an der Landung der Alliierten in der Normandie teilnahmen, befanden sich also durchaus auf ›vertrautem‹ Gelände.

Um diese kurze Genealogie zu Ende zu führen, muss man noch Francisco Ribeiro de Abranches erwähnen, den Bruder von Aristides' Großmutter, »Prediger des Königs« (*prégador regio*) im Kloster Alcobaça, der ein so begabter Kanzelredner war, dass er angeblich Hunderte von Gläubigen zu Tränen rührte. Was ihn aber nicht davon abhielt, ein Doppelleben zu führen: Er war verheiratet und hatte einen Haufen Kinder!

Aristides, César und später auch der dritte Bruder, José Paulo, der 1895 geboren wurde, wuchsen im elterlichen Haus von Aveiro auf und gingen in Mangualde zur Schule.

Familienfoto aus dem Jahr 1900: José de Sousa Mendes,
Aristides, José Paulo, César, Maria Angelina (v.l.n.r.).

Ein Familienfoto, das wohl zu Beginn des 20. Jahrhunderts im
Garten von Cabanas entstand, vermittelt einen sonderbaren
Eindruck. Liegt es an der *saudade*, jener portugiesischen Weh-
mut, einer Mischung aus Traurigkeit und Melancholie, der wir
die schönsten Fados verdanken? Oder viel prosaischer an einem
Irrtum des Fotografen – niemand auf diesem Bild lächelt. Der
kleine José Paulo, in Mädchenkleidern und mit langen Haaren,
wie es damals üblich war, sitzt zwischen dem kräftigen Vater
und der Mutter Angelina, die ein langes schwarzes Kleid und
eine weiße bestickte Bluse trägt. Die beiden Zwillinge wirken
sehr elegant in ihren hellgrauen Anzügen, aber auch sie haben
eine unaussprechliche Traurigkeit in den Augen.
Wollen sie etwa schon die Welt erobern?

Die beiden Brüder besuchen die Universität von Coimbra. Bis zum Jahr 1911, als man auch in Lissabon eine Fakultät errichtete, war sie die einzige des Landes und galt als eine der Keimzellen der europäischen Kultur, als Rivalin von Bologna, Paris oder Oxford. Sie hat ihren Sitz im alten Königspalast und ist die wichtigste und nach Salamanca älteste Universität der Iberischen Halbinsel.

Von der Porta Férrea (Eisentor) bis zum Paços das Escolas (Hochschulpalais) ist der Dekor prachtvoll, ebenso im Verhandlungssaal oder in der mit Azulejos aus dem 17. Jahrhundert ausgeschmückten Sala dos Capelos (Saal der Hüte), wohin man gelangt, wenn man die Via Latina überquert hat. Letztere wird so genannt, weil es auf ihr einst verboten war, eine andere Sprache zu sprechen als Lateinisch. Eine Tribüne, die früher speziell für Frauen reserviert war, beherrscht diesen Saal, an dessen Wänden Porträts der portugiesischen Könige hängen. Es versteht sich von selbst, dass die Universität von Coimbra ausschließlich Männern offen stand und Frauen dort erst in den Vierzigerjahren zugelassen wurden.

Die Sternstunden werden hier durch das Studentenleben geprägt, ein wenig wie im belgischen Löwen, das Aristides dreißig Jahre später so sehr schätzen sollte. Studenten tragen schwarze Umhänge mit Fransen, dazu Bänder in den Farben ihrer Fakultäten. Beim alljährlichen Maifest, dem wichtigsten Fest des Jahres, werden diese Bänder verbrannt. Aristides und César erhalten ihren Magister in Jura, das angesehenste Diplom, im Jahre 1907. Die wiederaufgefundenen Zeugnisse zeigen, dass Aristides wenigstens dieses eine Mal ein besserer Schüler war als César.

Antonio de Oliveira Salazar tritt in dem Jahr in die Universität von Coimbra ein, in dem die Zwillinge sie verlassen. Wie alle

Die Zwillinge César und Aristides im Alter von 14 Jahren.

César und Aristides als
Studenten in Coimbra
im Jahr 1907.

Kinder aus bescheidenen Verhältnissen im klerikalen Portugal jener Zeit, hat er seinen Weg zum Studium über Priesterseminare genommen. Seine Eltern wollten, dass er in einen Mönchsorden eintritt. Er ist fleißig, ein guter Schüler und erhält viele Preise, ohne dabei seine Leidenschaften aus dem Auge zu verlieren: die Theologie und besonders das Leben des heiligen Thomas von Aquin.

Auch wenn er im Jahr 1908 mangels einer höheren Berufung den Priesterstand verlässt, wird er doch sein Leben lang eine enge Verbindung zur Kirche behalten. Man sagt unter anderem, er sei als Minister zurückgetreten und habe den Sturz einer Regierung bewirkt, weil diese beabsichtigt habe, die Anzahl der Prozessionen und das Glockenläuten einzuschränken.

In Coimbra kommt er in dieselbe *république* – denselben Schlafsaal – wie der künftige Kardinal Cerejeira, mit dem er sich später die Macht teilen wird: die politische Macht für Salazar, die geistige für Cerejeira.[7] Den Weg des Patriarchen wird auch Aristides de Sousa Mendes kreuzen, und zwar, wie wir noch sehen werden, nicht zum höheren Ruhm des Kirchenmannes.

Als im Jahr 1910 »rote« Demonstranten die theologische Fakultät von Coimbra stürmen, protestiert Salazar gegen die dabei angerichteten schweren Verwüstungen und behält von da an eine Aversion gegen jede Art von Massenansammlung. »Wo Ordnung herrscht, keine Unordnung entstehen lassen«, lautet später einer der Aphorismen aus seiner Spruchsammlung.

Nach dem Doktorexamen wird er Professor für politische Ökonomie und vermittelt seinen Studenten eine Doktrin, die von den Prinzipien seines Vaters inspiriert ist, als dieser die Buchführung eines Landguts besorgt: Niemals einen Pfennig mehr ausgeben, als man einnimmt.

Aristides, César und Salazar wurden in jenem Portugal des ausgehenden 19. Jahrhunderts geboren, das eine gewisse Periode der politischen Stabilität erlebt, aber der Hölle entronnen zu sein scheint. Die drei napoleonischen Invasionen zu Beginn des Jahrhunderts hatten das Land ruiniert. Die Franzosen wollten es erobern, die Engländer verteidigen. Beide Völker »haben von diesem Land gelebt und es systematisch ausgeplündert, dazu kamen Vandalismus und die Konfiszierung der Kunstwerke«, schreibt Jean-François Labourdette.[8] Die Verluste an Menschenleben waren beträchtlich, man sprach von 100.000 Toten.

Die napoleonischen Invasionen erklären auch, warum die »liberalen« Ideen, die im Gefolge der Invasoren nach Portugal gekommen waren, dort so lange in Misskredit standen. »Von nun an«, so fährt Jean-François Labourdette fort, »galt in Portugal der Liberalismus als antipatriotisch, während der Patriotismus lange mit dem Traditionalismus gleichgesetzt wurde, was für die politische Entwicklung ein großes Hindernis bedeutete.«
Eine andere Konsequenz war der Riss der Nabelschnur nach Brasilien. Die Einrichtung des Hofes in Rio de Janeiro, wohin dieser vor der Armee Napoleons geflohen war, versetzte dem Kolonialsystem paradoxerweise einen Todesstoß, indem es Brasilien, das 1822 selbstständig wurde, daran gewöhnte, sich selbst zu verwalten. Die wirtschaftliche Abhängigkeit von Großbritannien dagegen verstärkte sich so sehr, dass England zu Beginn des 20. Jahrhunderts siebzig Prozent der portugiesischen Exporte abnahm.
»Genau wie Spanien«, folgert Jean-François Labourdette, »versank Portugal im 19. Jahrhundert im wirtschaftlichen und sozialen Archaismus und vergrößerte seinen Rückstand gegenüber dem übrigen Europa.«

Wie hätten César und Aristides de Sousa Mendes, wie hätte Antonio de Oliveira Salazar ahnen können, dass sie, die Kinder der Beira Alta, direkt konfrontiert werden würden mit dem tragischen Geschehen Europas im 20. Jahrhundert?

Das sorglose Glück einer kinderreichen Familie

Stolz sehen sie aus, César und Aristides de Sousa Mendes do Amaral e Abranches, zu Beginn dieses Jahres 1910, in ihren neuen Diplomatenuniformen für festliche Anlässe.

Gepflegte Lippenbärtchen, goldbestickte Westen, Säbel an der Seite, den Zweispitz elegant auf dem Kopf, weiße Handschuhe – so treten sie ins Allerheiligste ein, den Palácio das Necessidades, den Sitz des Außenministeriums.

Auf einem Hügel Lissabons gelegen, war dieses barocke Palais mit den hellrosa Mauern mit Hunderten von Räumen, die stark nach Politur und ledergebundenen Büchern duften, einst die Lieblingsresidenz von Carlos I. und Amélie von Orléans, Portugals letzter Königin. Dort, in dieser gedämpften Atmosphäre, wird die Außenpolitik eines Landes erarbeitet, das einmal die Welt beherrscht hat und Wert darauf legt, seinen Rang zu wahren.

Jurastudium, ein Richter als Vater – alles sprach bei Aristides und César für eine juristische Laufbahn. Alles außer dieser verteufelten Lust, durch die Welt zu reisen – eine Krankheit, von der manche Jungen, die unter dem Zeichen der großen Weite geboren wurden, niemals genesen, vor allem, wenn sie Portugiesen oder Bretonen sind, also zu dieser seltsamen Spezies gehören, die sich entweder in ihrem Heimatdorf oder in der größtmöglichen Entfernung von dort wohlfühlt.

Die Zwillinge entschieden sich also für die Diplomatie. César revanchierte sich für Coimbra und stellte die natürliche Ordnung der Dinge wieder her, indem er bei der Aufnahmeprüfung für die Diplomatenlaufbahn besser eingestuft wurde als Aristides. In der Folge sollte sich noch zeigen, dass der Ältere unbestreitbar ein wenn nicht fähigerer, so zumindest orthodoxerer Diplomat war als sein jüngerer Bruder.

Am 12. April 1910 trifft Aristides in Demerara in Britisch-Guayana ein, wo er zum Konsul zweiter Klasse ernannt wird. Wenige Monate später, am 5. Oktober, wird in Lissabon die Republik ausgerufen, womit eine Periode großer Unruhen beginnt. Was mag er wohl in jenem entlegenen Teil der Welt von den Nachrichten denken, die ihn aus seinem Land erreichen: Annahme eines Gesetzes über die Ehescheidung, Anerkennung des Streikrechts, Vertreibung der Kongregationen? Wahrscheinlich nicht viel Gutes. Bei den Sousa Mendes' ist man für Wahrung der natürlichen Ordnung der Dinge, das heißt, die Familien sollen zusammen leben, die Arbeiter arbeiten und die Kirche Dorfzentrum sein.

Zusammen mit seiner Karriere beginnt Aristides ein weiteres Abenteuer: die Gründung einer Familie. 1908 hat er Angelina geheiratet, die drei Jahre jünger ist als er und in seinem Leben eine bedeutsame Rolle spielt. Sie ist eine Cousine zweiten Grades, die Tochter von Antonio de Sousa Mendes, dem Bruder seines Vaters José, und Clotilde do Amaral e Abranches. Ihr erstes Kind, Aristides, wird noch im selben Jahr in Coimbra geboren.

Viele andere folgen, wobei die Geburtsorte je nach Dienstaufenthalt wechseln. Im Palast von Cabanas do Viriato, wo man in den Ferien wieder zusammenfindet, werden daher auf halbem Wege

Das erste offizielle Foto
im Diplomatenanzug,
entstanden 1910
in Britisch-Guayana,
Südamerika.

Aristides de Sousa Mendes
und seine Frau Angelina,
entstanden 1911.

vor der Eingangstreppe ganz stolz die Fahnen der verschiedenen Länder gehisst, in denen die Kinder jeweils geboren wurden.

Das erste Dokument, das sich in der Akte Aristides de Sousa Mendes im Außenministerium befindet, ist ein Antrag auf Rückkehr nach Lissabon aus gesundheitlichen Gründen. Am 1. April 1911 wird das Gesuch angenommen und Aristides kehrt in die Hauptstadt zurück. Nach einigen Monaten in Galizien bricht er jedoch am 10. November 1911 zu seinem zweiten Posten nach Sansibar auf, wo er eine Woche später eintrifft. Zu jener Zeit reisten die Diplomaten und ihre Familien mit dem Schiff. Der Posten ist wichtig, denn das Sultanat von Sansibar liegt neben Mosambik, damals eine portugiesische Kolonie.

Das zweite Kind, Manuel, kommt 1911 in Portugal zur Welt. Im zwölften Band der *Historia de Portugal* des Historikers Verissimo Serrao[9] wird eine Reise Aristides' nach Britisch-Ostafrika vermerkt, in deren Rahmen er die große portugiesische Kolonie in Nairobi, Kenia, besucht. Auch in Mombasa trifft er seine Landsleute.

In Sansibar kommen 1912 José, 1913 Clotilde und 1915 Isabel zur Welt. Vom 17. März 1914 bis zum 17. Juni 1915 ist Aristides wieder in Lissabon und die Familie in Cabanas, bevor sie nach Sansibar zurückkehrt. Die politische Lage in Portugal wird immer angespannter. Die ersten Versuche zur Errichtung eines autoritären Regimes scheitern, aber die Sache ist nur aufgeschoben.

Der Erste Weltkrieg trägt zur Bildung einer – wenn auch brüchigen – nationalen Geschlossenheit bei. Am 9. März 1916 erklärt Deutschland Portugal den Krieg, weil es ihm vorwirft, auf Ersuchen der Engländer die Schiffe der mitteleuropäischen Staaten, die in seinen Häfen Schutz gesucht hatten, konfisziert zu haben. Portugal entsendet ein Expeditionskorps nach Flandern sowie mehrere Expeditionen nach Angola und Mosambik. Doch die portugiesische Armee, die in der Umorganisation begriffen ist, kann es nicht mit den viel moderneren Armeen der anderen Staaten aufnehmen.

»Die Portugiesen kämpften tapfer, aber nutzlos auf den Schlachtfeldern in Flandern. Das bedeutete, dass man, da der Erfolg ausblieb, in der Armee ein Gefühl von Groll erzeugte, während das sehr schwache Regime immer mehr von ihr abhing. Einer der Offiziere des Expeditionskorps, der Oberst und spätere General Gomes da Costa, wird sich daran erinnern.«[10]

Die Unzufriedenheit der Bevölkerung nimmt immer mehr zu. Es gibt ständig neue Hungerrevolten, wie jene *revolução da batata*, die Kartoffelrevolution im Mai 1917. Je mehr Namen der in Flandern oder in Mosambik Gefallenen und Verwundeten bekannt werden, desto weniger Verständnis zeigen die Portugiesen für die Gründe dieses Kampfes und dieser ersten Teilnahme ihres Landes an einem Krieg seit mehr als einem Jahrhundert. Später wird Salazar die »neutralistischen« Bestrebungen seines Volkes auszunutzen verstehen.

Der Weltkonflikt hat indirekte Rückwirkungen auf Sansibar, britisches Protektorat, das in Konflikte mit Tanganjika verstrickt wird, welches unter deutscher Herrschaft steht. (Später werden sich Tanganjika und Sansibar zu Tansania vereinen.) Die Kenner der Geschichte dieser Region beurteilen die Politik Aristides de Sousa Mendes' durchaus positiv. Vom Sultan von Sansibar erhält er die Verdienstmedaille Zweiter Klasse des Großen Sterns, die höchste Auszeichnung, die ein Ausländer bekommen kann. Als weiteres Zeichen der Wertschätzung bekommt Aristides ein wunderschönes Sultanskostüm. Seine schon große Fotosammlung wird so um eine schöne Aufnahme erweitert.

Man kann sich gut vorstellen, wie die fünf Kinder gelacht oder geweint haben, als sie ihren Vater mit Krummsäbel und silbergeschmücktem Dolch gesehen haben.

Die Familie, inzwischen um den kleinen Geraldo erweitert, dessen Taufpate der Sultan persönlich ist, zieht am 13. Mai 1918 erneut um, und zwar nach Curitiba und Porto Alegre im südlichen Brasilien, wo sie etwa ein Jahr bleibt – Zeit genug für die Geburt von Joana im Jahr 1918.

Dieser Aufenthalt hätte länger dauern können, wenn Aristides de Sousa Mendes nicht im August 1919 von seinem Ministerium, das seine Einstellung für republikfeindlich hält, in den einstweiligen Ruhestand versetzt worden wäre. Aristides de Sousa Mendes ist in der Tat katholisch, konservativ, monarchistisch und er trägt die Republik wahrlich nicht in seinem Herzen. Erneut kreuzt sein Schicksal das Salazars: Der Professor für politische Ökonomie wird 1919 abberufen, weil man ihn verdächtigt, an einem royalistischen Komplott mitgewirkt zu haben. Auf diese Maßnahme reagiert Aristides mit zwei Schritten: Aus Trotz und um seine aristokratische Herkunft zu betonen, beantragt er, dass sein Name von nun an nicht mehr einfach Sousa Mendes lautet, sondern Aristides de Sousa Mendes do Amaral e Abranches. Gleich nach diesem provozierenden Akt schreibt er am 22. Mai 1920 an seine Vorgesetzten, um ihnen seine Finanzprobleme darzulegen, wobei er unterstreicht, dass er auf Kredite zurückgreifen muss, um den Unterhalt seiner Familie zu sichern.
Diese zählt nunmehr acht Kinder, da 1920 in Coimbra ein kleiner Pedro Nuno hinzugekommen ist. Wenn man die Hausdiener hinzurechnet, die überallhin mitgenommen werden, auch bis

Aristides de Sousa Mendes
als Konsul in Sansibar,
1915.

ans Ende der Welt, sowie die immer großzügigere Einrichtung des Hauses in Cabanas, versteht man, dass die Monatsenden ohne feste Bezüge sehr schwierig sein konnten.

Es ist allerdings weder das erste noch das letzte Mal, dass Aristides Geldsorgen hat. Er gibt es großzügig aus und hält es für eine Sünde, an ein ausgeglichenes Budget überhaupt nur zu denken. Weit entfernt von den vernünftigen Lektionen des Professors Salazar verbringt Aristides seine Zeit damit zu ›jonglieren‹, und es ist gewiss, dass César ihm wiederholt unter die Arme greift. Der größere Bruder ist vorsichtiger und nicht aus politischen Gründen suspendiert worden, obwohl seine politischen Auffassungen haargenau denen Aristides' entsprechen. César, der in zahlreichen Ländern auf verschiedenen Posten tätig war, lebt gewiss in großem Wohlstand, aber sein Haus in Mangualde lässt sich nicht mit dem des »kleinen« Bruders vergleichen.

1920 wird Aristides wieder in den Dienst aufgenommen und nach San Francisco entsandt, wo 1922 Carlos zur Welt kommt. Da waren es neun! In der kalifornischen Stadt bekommt der Konsul Ärger mit gewissen portugiesischen Vereinigungen. Er verteidigt vor allem seine ärmeren Landsleute gegen die Arbeitsbedingungen, die ihnen ihre Arbeitgeber – Portugiesen genau wie sie, nur reicher – zumuten.

Sebastião wird 1923 geboren, in dem Jahr, als Salazar sich zum ersten Mal in die politische Arena begibt, indem er sich auf die Wahllisten des »Katholischen Zentrums« setzen lässt. Er wird gewählt, wohnt einer einzigen Parlamentssitzung bei und reicht noch am gleichen Abend seinen Rücktritt ein. »Das Parlament hat mir Angst gemacht«, ist alles, was er dazu sagt.

1924 kehrt die Familie – mit nunmehr zehn Kindern und noch immer denselben Domestiken – nach Brasilien zurück. 1925 wird in Porto Alegre Teresinha geboren, 1926 erfolgt die Rückkehr nach Lissabon, dann geht es nach Vigo, der spanischen Stadt, die Cabanas am nächsten liegt. Als am 28. Mai 1926 die Generäle Gomes da Costa und Carmona Regimenter gegen die Republik aufmarschieren lassen, ist Aristides in Spanien. Das Komitee der Aufständischen von Coimbra bietet Salazar das Amt des Finanzministers an. Er bleibt fünf Tage lang Minister. In einem Interview mit der in Vigo erscheinenden Tageszeitung *Progreso* erklärt Aristides de Sousa Mendes unter anderem, dass die Militärdiktatur in Portugal freudig begrüßt wurde. In seinem Traktat *O Interregno* bringt auch Fernando Pessoa seine Unterstützung für das neue Regime zum Ausdruck. Im Januar

César und Aristides de Sousa Mendes,
Aufnahme aus den Zwanzigerjahren.

Angelina de Sousa Mendes mit ihren 10 Kindern,
kurz vor dem Aufbruch nach Brasilien, 1924.

1928 schreibt der 1888 geborene Dichter: »Es gibt keinen anderen Weg als die Militärdiktatur, um das Wohl und die Wiedergeburt des Landes zu gewährleisten.«[11]

Auch wenn der Aufstand zur Farce gerät, da einer der Putschisten, Gomes da Costa, durch den anderen, Carmona, gestürzt wird, gelingt es dem autoritären Regime dennoch, sich zu etablieren. Zwei Aufstandsversuche der Linken werden niedergeschlagen. Als Oscar Carmona im April 1928 zum Präsidenten der Republik gewählt wird, ernennt er Salazar zum Finanzminister. Dieser lässt es schon bei seiner ersten Rede nicht an Offenheit fehlen. »Ich weiß sehr genau, was ich will und wohin ich will«, sagt er. »Wenn der Moment gekommen ist, in dem ich ihm [dem Land] Befehle erteile, dann erwarte ich, dass es mir auch gehorcht.« Um den Preis neuer Steuern und drastischer Einschnitte in die öffentlichen Finanzen hält er tatsächlich an seinem Vorsatz eines ausgeglichenen Haushalts fest.

Der *Moment* kommt schon bald: Am 5. Juni 1932 wird Antonio de Oliveira Salazar Ministerpräsident.

Hat er die Macht gewollt?

Hat er sie ergriffen?

Hat er sie lediglich empfangen, fast wider Willen und zum Wohl des Vaterlands? Tatsache bleibt, dass er sie hat und behalten wird. Für eine lange Zeit.

In seiner ersten Regierung vertraut Salazar César de Sousa Mendes das Außenministerium an. Dieser hat schon eine ansehnliche Karriere hinter sich, auf jeden Fall eine weniger chaotische als sein Bruder. So wurde er etwa im August 1916 Geschäftsträger der Botschaft in Tokio. Als Hirohito zum Kaiser gekrönt wird, fällt César die große Ehre zu, als Doyen des Diplomatischen Korps im kaiserlichen Palast empfangen und neben dem Kaiser

fotografiert zu werden. Bei ihm steht seine Frau Maria-Louisa.
»Deine Großmutter war die schönste Frau im Diplomatischen
Korps in Tokio«, wird eine Freundin seiner Großmutter einst zu
Antonio sagen, dem Enkel Césars und Aristides'.

Man wird die Osmose der Familie Sousa Mendes, die großartige Liebe untereinander nicht erfassen, wenn man sich nicht
vor Augen führt, wie viele Heiraten es zwischen Cousins und
Cousinen gegeben hat. So werden sich drei Kinder Aristides' mit
Kindern Césars verheiraten. Dieser wird nach dem Tod seiner
ersten Frau Maria d'Assunção heiraten, die Tochter eines sehr
wohlhabenden Marquis, der vom Verantwortlichen für die kö-
nigliche Post abstammt und in Lissabon einen riesigen Palast
besitzt. Der Bruder Marias, der Marquis von Penafiel, wird –
ganz in Weiß gekleidet und ohne Helm, den er sich aufzusetzen
weigert – in den Reihen der von Franco unterstützten portugiesischen Legion fallen.

Als Salazar César nach Lissabon ruft, ist dieser gerade Botschafter in Schweden. Aristides seinerseits ist 1929 nach Belgien
gezogen. Mit einem weiteren Kind: Luís Felipe, der »Galizier«,
der 1928 in Spanien geboren wurde. Er hätte gern einen »großen
Posten« gehabt, etwa in China oder Japan. Aber er muss sich mit
dem Generalkonsulat in Antwerpen begnügen – zweifellos zu
seinem und der Seinen Besten.

Alle Zeugnisse, ob Fotos oder Briefe, belegen, wie glücklich die
Familie trotz vieler Dramen in diesem Land der Freiheit gelebt
hat. Dreißig Jahre später, als Antonio, der Enkel, desertieren
wird, um nicht in Salazars Armee dienen zu müssen, wird er
ganz selbstverständlich dorthin flüchten.

Ehe die Turbulenzen des Jahrhunderts über Europa hereinbre-
chen und die Familie Sousa Mendes auflösen werden, sollten wir

einmal das Bild anhalten, um diese Familie, wie sie zum letzten Mal zusammenfindet, unserem Gedächtnis einzuprägen.

Stellen wir sie uns zum Beispiel zu Beginn des Jahres 1929 vor, als sie in Brüssel ankommt. »Wir saßen alle im Kreis auf einem Bürgersteig um einen kleinen Platz herum und warteten ab, dass unser Vater einige praktische Probleme gelöst hatte«, erinnert sich heute Pedro Nuno, das älteste der noch lebenden Kinder. Die zwölf Kinder und die Hausdiener werden in Ixelles, einem Viertel der belgischen Hauptstadt, in einer kleinen Familienpension mit dem bezeichnenden Namen *Chez nous* (Daheim) untergebracht.

Später werden sie in Löwen wohnen, einer flämischen Stadt, in der sich die älteste Universität des Landes befindet, eine katholische Universität, an der die Unterrichtssprache Französisch ist. In Löwen findet Aristides gewiss die Atmosphäre von Arbeitsamkeit und Lebendigkeit wieder, die er aus Coimbra kennt. Dort kommt 1931 auch João Paolo zur Welt.

Einige Fotos sowie die Erinnerungen einzelner Menschen erlauben es uns, einen anderen Augenblick festzuhalten. Es ist Frühjahr, wie man anhand der Vegetation im Garten des größten Hauses von Löwen schließen kann, und wahrscheinlich ein Sonntag, denn auf dem Bild tragen die ältesten Brüder Anzug und Krawatte. Vielleicht feiert gerade eines der Kinder seinen Geburtstag. Irgendjemand schlägt vor: »Sollen wir nicht ein Foto machen?« Zuerst nur die Jungen. Neun an der Zahl, fast eine Fußballmannschaft. Die vier »Großen«, dunkler Anzug und weißes Hemd, stellen sich hinter den Kleinen auf.

– Aristides, der Älteste, ist jetzt dreiundzwanzig. Das Haar ist sorgfältig nach hinten gekämmt, düster, er ähnelt seinem Vater überhaupt nicht, sagt man. Er lächelt nur selten, ist sehr ernst, von schwacher Gesundheit – er leidet unter Asthma. Glücklich ist er vor allem, wenn er Klavier spielt oder an seinem Zeichentisch sitzt. Er hat in Löwen mit dem Jurastudium begonnen.

- Manuel, einundzwanzig Jahre, auch er Student in Löwen. Sehr begabt, brillant, charmant, Bester seines Jahrgangs an der Fakultät für Politikwissenschaft, zum großen Stolz seines Vaters.

- José, zwanzig Jahre, bewundert Manuel, sein Idol, ebenfalls sehr. Die Brille lässt sein Gesicht ernsthaft wirken, aber sein Leben wird von einer ständigen Unruhe bestimmt. Seine Zuflucht: ebenfalls das Klavier.

- Geraldo, fünfzehn Jahre, zeigt lächelnd seine Zähne, die Haare sind leicht zerzaust, er ist der Verspielteste und Komischste in der Familie. Vor allem der Geschwätzigste. Man sagt, er ähnle seinem Großvater, dem Richter, oder seinem Vorfahren, dem Prediger, mit seiner Begabung und dem Willen zum Überzeugen. »Wenn er sprach, hörten alle zu«, sagt heute jeder, der ihn gekannt hat.

- Pedro Nuno, zwölf Jahre, trägt die Uniform der belgischen Pfadfinder und hat den Buschhut in der Hand. Er zeichnet sehr gern. Auf Bitten seines Vaters wird er den kleinen Autobus entwerfen, den Aristides in einem einzigen Exemplar bauen lässt, um seine gesamte große Familie transportieren zu können.

- Carlos ist zwei Jahre jünger als Pedro Nuno, er wurde 1922 geboren. Er ist eher verschlossen, schüchtern, ja geheimnisvoll, und seine Geschwister haben ihm den Spitznamen »Erzbischof« gegeben. Er hat immer ein Buch in der Hand, ist schon ein sehr guter Klavierspieler, wird sein Studium in Löwen beginnen und später in Portugal fortsetzen.

- Sebastião, neun Jahre, wird in der Familie nur »der Amerikaner« genannt. Liegt es an seiner Geburt in San Francisco oder daran, dass er der einzige Blonde ist? Er ist eigenwillig, immer voller Ideen und Initiative.
- Luís Felipe, vier Jahre, der »Galizier«, ist ein gewitztes Kind und wird in Löwen die Grundschule absolvieren.
- João Paolo, noch kein Jahr alt, ist der kleine »Belgier« aus der Mannschaft, da er in Löwen geboren wurde.

Dann stellen sich die Mädchen für das Foto auf. Sie sind zu viert, aber da immer Freunde und Verwandte bei Aristides de Sousa Mendes zu Gast sind, haben sich acht Fräulein eingehakt und schauen schüchtern oder frech in die Kamera.

- Clotilde, neunzehn Jahre, beendet gerade ihr Jurastudium, was damals noch nicht selbstverständlich ist. Als ältestes der Mädchen spielt sie zugleich die Rolle einer zweiten Mutter. Ihre Hobbys sind Ölmalerei und Klavierspielen. Wie man sieht, ist die Musik Teil des Familienlebens. Die »schöne« Clotilde heiratet 1939 in Cabanas ihren Vetter zweiten Grades, Silverio. Sie werden elf Kinder haben.
- Isabel, siebzehn Jahre, wird noch früher heiraten – 1937 vermählt sie sich mit Jules d'Aout, einem belgischen Studenten, der sich in Löwen in den Wirtschaftswissenschaften eingeschrieben hat. Es heißt, Aristides sei es nicht leicht gefallen, dieses fröhliche, verspielte und von seinen Geschwistern bewunderte Mädchen ziehen zu lassen. Im Scherz sagte er: »Wer mir dieses Mädchen stehlen will, soll sich in Acht nehmen!«
- Joana, vierzehn Jahre, hatte einen »etwas explosiven« Charakter, wie Bruder Pedro Nuno heute von ihr sagt. Wenn sie

Manuel, Aristides, Geraldo, José (hinten); Sebastião, Pedro Nuno, Luís Felipe, Carlos, João Paolo (vorne), Löwen 1932.

Joana (links), Clotilde (4. v.l.), Isabel (3. v.r.), Teresinha (rechts). Links im Busch versteckt sich Luís Felipe.

nicht bekam, was sie wollte, war sie in der Lage, »alles hochgehen zu lassen«.

– Teresinhá, sieben Jahre, ist die »schlechte Schülerin« (eine muss es ja geben). Im Gegensatz zum Rest der Familie mag sie das Lernen gar nicht und noch viel weniger das Klavierspielen.

Es wäre eine Untertreibung zu sagen, dass Aristides de Sousa Mendes seine Kinder liebt. Er gibt seine große Energie, seine Lebensfreude, seinen Hunger nach Kultur an sie weiter. Jeden Mittwoch kommt ein bekannter Maler, um die Kinder zu unterrichten. Aber was die Hausgemeinschaft wirklich verbindet, ist die Musik. Mehrere Lehrer erteilen den Kindern Klavier- oder Geigenunterricht. Der Opernliebhaber Aristides ist der Vorsänger und der Dirigent des Familienorchesters.

Renommierte Besucher sind zu Gast im Haus in Löwen. Darunter Maurice Maeterlinck[12] oder Alfonso XIII., der ehemalige König von Spanien. Und José Paolo, der jüngere Bruder, der nun Kapitän bei der Marine ist, wird sich im Hause von Aristides mit einem gewissen Albert Einstein über die Relativitätstheorie unterhalten.

Aristides nimmt seine Kinder voller Stolz gern mit zu offiziellen Empfängen. Pedro Nuno erinnert sich vor allem an ein sehr förmliches, steifes Essen im Quai d'Orsay. »Wir saßen fast alle am Tisch um unseren Vater herum, der uns zu Beginn des Essens die üblichen Ermahnungen erteilt hatte: ›Benehmt euch anständig und sprecht nicht zu laut.‹ Als er uns gerade bat, auf unsere Gläser zu achten und nichts umzustoßen, kam der Weinkellner mit einer neuen Flasche. Mein Vater, der viel mit den Händen sprach und ausladende Gesten machte, drehte sich um und stieß mit dem Ellenbogen gegen die Flasche, deren Inhalt sich über die weiße Tischdecke ergoss. Die ganze Mahlzeit über haben wir gelacht – mein Vater am allermeisten.«

Manchmal bittet Aristides auch seine Ältesten, ihn oder seine Frau bei offiziellen Anlässen zu vertreten. 1934 wohnt er in Begleitung von Clotilde dem »Fröhlichen Einzug« von König Leopold und Königin Astrid in Antwerpen bei, einer Zeremonie, mit der die neuen belgischen Herrscher sich in einer Stadt vorstellen und deren Huldigung entgegennehmen. Da Aristides der Doyen des Diplomatischen Korps ist, überreicht Clotilde der schönen Königin einen Blumenstrauß. Astrids Unfalltod wird wenige Monate später ganz Europa trauern lassen. Am Ende der Zeremonie trägt ein Verantwortlicher des belgischen Hofprotokolls dafür Sorge, Aristides dem König vorzustellen, weil er glaubt, er kenne ihn noch nicht. Leopold lächelt, schüttelt Aristides ausgiebig die Hand und sagt: »Ah, mein guter Freund, der portugiesische Botschafter!«

»Einmal kommt mein Vater ganz eilig nach Hause«, erzählt Pedro Nuno, »und sagt zu mir: ›Ich kann heute Abend nicht zu einem Konzert, bei dem der Gouverneur der Provinz anwesend ist. Du musst an meiner Stelle hingehen, dem Gouverneur die Hand schütteln und ihm erklären, dass ich verhindert bin.‹«

Also zieht Pedro Nuno, der noch keine siebzehn ist, seinen Smoking an und saust zum Konzerthaus, in dem Verdis *Rigoletto* gespielt wird. Er ahnt nicht, dass er einige Monate später erneut einspringen muss, diesmal um einen ungarischen Geiger anzuhören. »Zum Glück liebte ich die Musik«, sagt er heute, »außerdem wollte mich mein Vater auf meine künftigen Funktionen vorbereiten, da ich ja auch Diplomat werden sollte.«

Als Aristides einmal mit seiner Frau, die das mondäne Leben verabscheute und sich nur in der Familie wohlfühlte, zu einem

Aristides de Sousa Mendes bei einem offiziellen Anlass in Antwerpen, 1934.

Ball eingeladen war, bat er Pedro Nuno, an seiner Stelle mit seinen beiden Schwestern Clotilde und Isabel hinzugeben. »Wir haben die ganze Nacht hindurch Swing getanzt und das Büfett geplündert, unter den erstaunten Augen des Gouverneurs und seines Gefolges«, erzählt Pedro Nuno.

Die enge Komplizenschaft zwischen Aristides und seinen Kindern geht mit großem Respekt einher. Jeden Abend vor dem Zubettgehen sagen die Kinder ihrem Vater, den sie siezen, gute Nacht und küssen ihm die Hand.

Auch wenn sich seine finanzielle Situation verbessert hat – vor allem dank der Steuern, die das Konsulat auf Schiffe erheben darf, die den Hafen von Antwerpen anlaufen –, sind seine Ausgaben noch immer weit von der Sparsamkeit eines Salazar entfernt. Um seinen Antrag auf Erhöhung des Spesenbudgets zu begründen, schickt Aristides 1932 dem Ministerium einen Auszug aus einer belgischen Zeitung, um mithilfe von Zahlen den Anstieg der Lebenshaltungskosten nachzuweisen.

Die Familie fühlt sich in Belgien so wohl, dass die ältesten Kinder – Aristides, José, Clotilde, Isabel, Geraldo, Joana, Pedro Nuno – an den Präsidenten der Republik schreiben und ihn bitten, ihren Vater in Löwen zu lassen, damit sie dort ihr Studium fortsetzen können. Aristides erhält die lakonische Antwort, man solle Staats- und Familienangelegenheiten nicht miteinander vermischen.

Als die Familie Sousa Mendes eines Sommers mit dem Zug nach Cabanas zurückkehrt, versteht ein prinzipienstrenger spanischer Grenzbeamter in Irun nicht, warum diese Diplomatenfamilie in der dritten Klasse reist, und will sie veranlassen, das Abteil zu wechseln. Darauf antwortet ihm Aristides, in gleichen Maßen erfreut wie verärgert, er könne selbst entscheiden, wie er reisen wolle.

Da Aristides es leid ist, im Zug zu reisen, bittet er Pedro Nuno darum, sich einen Plan für ein Fahrzeug auszudenken, mit dem sie alle gemeinsam fahren können. Der Junge macht sich an die Arbeit, müht sich auf seinem Zeichenpapier ab und überreicht seinem Vater einen Entwurf, den dieser an eine Ford-Werkstatt in Antwerpen weitergibt. Das Ergebnis ist ein seltsamer Prototyp, von dem nur ein einziges Exemplar hergestellt wird: cremefarben, halb Personenwagen, halb Autobus, in den sich alle Kinder hineinzwängen können. Sie nennen das Gefährt »O Expresso dos Montes Hermínios«, nach einem Berg in der Beira Alta.

Der von Pedro Nuno entworfene und als Unikat gebaute »Expresso dos Montes Hermínios«.

Man kann sich vorstellen, dass die Ankunft der Familie Sousa Mendes in Cabanas, meist in den Ferien, jedes Mal ein großes Ereignis ist. Die dort gebliebenen Domestiken bemühen sich, das Haus vorzubereiten, den »Palast«, wie man es hier nennt. Das ganze Dorf ist in Aufruhr.

»Sobald wir den *Autobus* ankommen sahen, stürzten wir Kinder nach draußen und das Fest begann«, erinnert sich Barros Martins, der Küster der Kirche von Cabanas war. Die Freude der Kinder ist verständlich. Kaum hat Aristides das Steuer losgelassen, wühlt er auch schon in seinem Gepäck, holt ein großes Päckchen heraus und wirft den Kindern Süßigkeiten zu. »Er warf auch Schokoladenstückchen«, erinnert sich Barros Martins, »und auch noch, als wir die Schokolade längst gegessen

42

Die Christus-Statue, die Aristides de Sousa Mendes vor seinem Haus aufstellen ließ.

hatten, war das goldene oder silberne Papier ein wahrer Schatz für uns!«

Nun kann die Familie endlich in den Palast. Diese »Quinta de São Cristovão«, der Hof von Sankt Christobald, den Angelina geerbt hat, liegt genau im »Passal«. Beherrscht wird er von einer Statue von Christus als König, die mehrere Meter hoch ist. »Aristides do Passal«, wie man ihn hier nennt, hat sie in Löwen anfertigen lassen.

Ein Arbeiter erinnert sich noch heute daran, was für eine Mühe es war, die in drei Teile zerlegte Statue vom Bahnhof abzuholen und mithilfe von Seilen auf ihren Sockel zu stellen. Mit Sicherheit hat César von den Kosten dieser Operation gewusst, denn Aristides bat ihn einmal um finanzielle Unterstützung.

Unterhalb der Christusfigur mit dem sehr milden Gesicht, die das Haus, aber auch das ganze Dorf zu beschützen scheint, steht die Inschrift:

Der Du unser Vater
Und unser allmächtiger König bist,
Herrgott, segne Cabanas
Und seine Einwohner.

Hätte er über die Zeit und die Mittel verfügt, hätte Aristides gern eine Treppe anlegen lassen, über die man vom Palast aus direkt zum Sockel der Statue hinaufgelangt wäre.

Ursprünglich war das Haus schön, bürgerlich, imposant, aber mehr auch nicht, etwa so wie Césars Haus in Mangualde, einem etwa dreißig Kilometer entfernten Ort. Aristides aber wollte etwas Besseres und ließ nicht nur eine zusätzliche Etage errichten, sondern einen ganzen neuen Flügel, gleich neben dem Haus der Domestiken.

Inzwischen ist die Anlage sehr beeindruckend. Vor der großen Eingangstür gibt es eine Holztreppe, die sich in zwei Teile teilt. An diesem Punkt steht eine erste Vitrine mit allen Flaggen der Länder, in denen Aristides einen Posten gehabt hat und in denen seine Kinder geboren wurden. Das Familienwappen – zwei Adler und zwei Schwerter für die Abranches, ein Löwe für die Castelo-Branco, Feigenblätter für die Figueiredo und fünf Flossen für Evreux – findet sich an der Zimmerdecke wieder, ebenso auf den Stühlen, die rings um den riesigen Tisch in einem der Esszimmer stehen.

Der Tisch ist niemals groß genug. Nicht nur, weil die Familie sehr kinderreich ist, sondern auch, weil Aristides die Gewohnheit hat, alle, die sich gerade im Passal befinden, zum Essen

Tafel mit der Inschrift am Sockel der Statue.

Adler und
Schwerter, Feigen-
blätter, fünf Flossen
und ein Löwe
(von oben links
nach unten rechts).

einzuladen. Das bedeutet, dass es fast jeden Tag etwa zwanzig bis dreißig Esser gibt. Der Rest des Hauses ist dementsprechend: mehrere großartige Bibliotheken, eine Kapelle, drei Salons, darunter ein chinesischer, zwei Bechstein-Flügel und ein amerikanischer Flügel, sechs Badezimmer, eine zweite Kapelle und mehr als zehn Schlafzimmer. Und aus jedem Zimmer hat man einen herrlichen Blick auf die Beira Alta.

Eine Mauer umgibt das große Grundstück. Auf der einen Seite des Gartens muss man nur eine Straße überqueren, um in die Kirche São Cristovão zu gelangen – heute heißt diese Straße nach Aristides de Sousa Mendes. Auf dem Friedhof gleich daneben stehen etwa zehn Mausoleen mit den Namen der führenden Familien der Gegend. Und mitten unter diesen zehn Mausoleen hebt sich dasjenige der Familie Sousa Mendes mit seinen Wappen ab.

Auf der anderen Seite des Hauses befindet sich die Dorfschule. Zwischen den wechselnden Dienstorten des Konsuls, zwischen Porto Alegre und Sansibar, zwischen San Francisco oder Antwerpen, verbringen manche der Kinder dort ein paar Monate. Zum Beispiel Luís Felipe, der den Dorfschulmeister bittet: »Herr Lehrer, ich würde gern etwas über die Geschichte Portugals erfahren.«

Am Tag nach ihrer Ankunft machen Aristides und Angelina einen Rundgang durchs Dorf, um die Honoratioren zu begrüßen. »Tatsächlich blieben sie alle paar Meter stehen«, erzählt Barros Martins, »sagten jedem ein paar freundliche Worte oder erkundigten sich nach dem einen oder anderen.« Jeden Morgen um sieben Uhr gehen sie zur Messe in die Kirche. »Wenn sie herauskamen«, fährt der ehemalige Küster fort, »dann riefen sie mich zu sich: ›Komm mal her, Zezito‹ – das war mein Spitzname – ›geh zu Maria in die Küche unseres Hauses, sie wird dir ein Frühstück machen.‹« Aristides, der auch elegant wirkt, wenn er keine Jacke trägt, hat stets seinen schwarzen Hut auf dem Kopf, den die Leute im Dorf »den Hut des Konsuls« nennen. Bei feierlichen Anlässen zieht er seine Galauniform an und wird von den Dorfbewohnern bewundert.

Der Donnerstag ist der »Tag der Armen«. Alle, die nicht genug zu essen haben, bekommen einen Teller Suppe oder Bohnen und Brot. Selbst wenn die Familie im Ausland ist, erhält der Verwalter José Augusto den Auftrag, jeden Donnerstag die Küchentür weit offen zu lassen für alle, die hereinkommen wollen, um zu essen oder sich einfach nur aufzuwärmen. »Aristides stand oft dort in der Küche vor den großen Backöfen, in denen das Brot gebacken wurde, und ich sehe noch seine Traurigkeit angesichts so vieler Bedürftiger, vor allem der barfuß laufenden Kinder«, erinnert sich Barros Martins.

Aristides spielt und lacht gern mit den Dorfkindern. »Er bat immer einen meiner Cousins darum, mit dem Mund die Trillerpfeife der Polizisten zu imitieren«, berichtet ein Einwohner von Cabanas. »Es machte große Freude, ihn zu sehen, denn er war so heiter und gelassen und wurde niemals zornig, trotz all der Verantwortung, die er hatte«, fügt ein anderer hinzu. »Am Abend erklang Musik aus dem Passal, es gab oft Empfänge, die Leute lachten und wir kamen näher heran, um etwas davon mitzubekommen.«

Angelina wiederum galt als »Heilige«, man sah sie oft draußen mit ihren Töchtern und ihren Domestiken. »Sie waren alle so bescheiden, dass man nicht erkennen konnte, wer die Herren und wer die Diener waren«, erklärt eine Frau aus Cabanas.

Das Haus erlebt Zeiten der Freude und des Leids. 1933 kommt in Löwen Raquel zur Welt. Sie stirbt achtzehn Monate später an einer unbekannten Krankheit, was in der Familie große Trauer auslöst. Vor allem, weil am 4. April 1934 auch Manuel gestorben war, dahingerafft von einer Gefäßkrankheit. Der Verlust des eleganten Manuel, vielleicht des Begabtesten unter den Jungen, hat ganz besonders José traumatisiert, der den Tod dieses Bruders, den er so sehr bewundert hatte, niemals verwinden konnte.

1934 werden die Leichname Raquels und Manuels in der Familiengruft in Cabanas beigesetzt. Ihre von Löwen her überführten Särge setzen sich vor dem Haus in Bewegung und im Trauerzug begibt sich alles zur Kirche, während Geraldo auf der Geige den Trauermarsch von Chopin spielt. Die gleiche Trauer zeigt sich auch beim Begräbnis der treuen Dienerin Ama Borges.

1940 gibt es große Freude bei Clotildes Hochzeit. Die ganze Familie ist da. »Es gab so viele Blumen, dass das Brautpaar auf einem Teppich aus Blütenblättern ging«, erinnern sich noch die Älteren im Dorf.

Doch die Blüten werden sich bald in Dornen verwandeln. Zuerst für César. Seine Karriere als Minister, die 1932 in der ersten Regierung Salazars begann, sollte kürzer als ein Jahr andauern. Als er der Auffassung ist, gegen einen bestimmten portugiesischen Diplomaten im Auslandseinsatz sei ein Disziplinarverfahren nötig, trifft er zunächst auf den Widerstand eines Zirkels von Salazar-Getreuen, dessen Zusammensetzung sich je nach den Umständen ändert. Dann gerät er im Verlauf einer Kabinettssitzung, in der es um Fragen der Bildungspolitik geht, mit Salazar selbst aneinander. César war als Botschafter in Schweden sehr beeindruckt von der Bedeutung, die das Bildungswesen in diesem Land hat, und äußert dies. Der Diktator widerspricht ihm heftig. Er hält es nicht für wünschenswert, an den bestehenden Verhältnissen etwas zu ändern und das Bildungswesen zu sehr

Clotildes Hochzeit im Jahr 1940. Rechts vom Brautpaar steht Angelina, weiter rechts Aristides, ganz vorn rechts Joana.

auszubauen. César ist noch berührt vom Tod seines ältesten Sohnes, der zugleich sein Privatsekretär war, und hat ohnehin seinen Eifer verloren. Eines Tages erhält er einen Anruf von Salazar. »Herr Minister, ich danke Ihnen für die Dienste, die Sie geleistet haben.«

César ist verwundert und fragt den Generalsekretär des Ministeriums nach der Bedeutung dieses rätselhaften Satzes.

»Er soll Ihnen verständlich machen, dass Sie nicht mehr Minister sind.«

César geht als Botschafter nach Warschau. Dort erhält er einen Brief von Aristides – die Brüder schreiben sich oft –, in dem dieser sagt, was er von Salazar hält: »Er soll verflucht sein und sein

Name soll mit Verachtung ausgesprochen werden, wenn er eines Tages der Grund für unser aller Schande sein sollte.«

Salazars Macht weitet sich aus. 1933 beschreibt er sich selbst auf folgende Weise: »Dieser Mann, der zur Regierung gehört, wollte eigentlich nicht regieren. Als Abgeordneter hat er einer einzigen Sitzung beigewohnt und ist nie wieder ins Parlament zurückgekehrt. Er war Minister – und blieb es nur fünf Tage lang; er ging fort und wollte niemals wiederkommen. [...] Er hat niemals konspiriert und keine Gruppierung befehligt, er hat nie intrigiert, er hat keinen Gegner durch organisierte oder revolutionäre Gewalt besiegt. [...] Abzudanken oder zu bleiben bedeutet ihm gleich viel und dennoch bleibt er. [...] Aber das Problem, der Zweifel, bleibt bestehen.

Woher hat dieser Mann, der sein Leben lang niemals offen für die Regierung kandidiert hat, der keineswegs all seine Kraft diesem Ziel geweiht hat, der von sich selbst nie behauptet hat, er könne ein Regierungsprogramm leiten, anordnen, ausführen oder ausführen lassen, seines oder ein anderes, der die Macht mehr für eine Gewissenspflicht als ein Recht hält, das er mithilfe der Gewalt erlangen könnte, woher nimmt dieser Mann die nötige Willenskraft, nicht auf halbem Wege stehen zu bleiben, wenn sie nicht aus dem Streben nach Herrschaft kommt?«[13]

Seine Sprache ist schön, die Gewissensfrage ist gut dargestellt, die Art, wie er sich selbst infrage stellt, ist bewundernswert. Und doch wird dieser Mann, der 1933 von sich behauptet, dass er die Macht nicht liebt, bis 1968 als Alleinherrscher regieren. Allein Frankreich erlebt in dieser Zeit die Dritte Republik, die Volksfront, das Vichy-Regime, die Nachkriegsregierung, die Vierte Republik, die Rückkehr de Gaulles an die Macht und schließlich die Fünfte Republik.

»Dieser Mann, der sich als Schulmeister betrachtet, der an das Wohl seiner Schüler – der Portugiesen – dachte, ohne sie jemals nach ihrer Meinung zu fragen, war schlicht und einfach ein Diktator, dessen einziger Vorzug darin bestand, dass er mit Hitler, Franco oder Mussolini verglichen wurde, die im gleichen Register weitaus leistungsfähiger waren als er«, sagt ein portugiesischer Professor ironisch.

Denn der Schatten der faschistischen Bewegungen beginnt bereits, sich über Europa auszubreiten. Gewiss, Salazar mag Mussolinis Aufschneidereien und Hitlers »heidnische« Exzesse nicht. Was Franco betrifft, dem er bei der Machtergreifung hilft, so findet er dessen außenpolitische Auffassungen zu kurzsichtig und versucht ihn zu beeinflussen. Hat man Salazar nicht den »Außenminister« des *Caudillo*[14] genannt?

Zwar hat man auch gesagt, der Salazarismus sei ein »Faschismus ohne faschistische Bewegung« gewesen, doch darf man die *Mocidade portuguesa* nicht vergessen, die ideologische und paramilitärische Jugendorganisation, die der spätere Präsident der Republik, Mário Soares, sehr eindringlich beschrieben hat: »Wir wurden gezwungen, im Alter von zehn Jahren dort einzutreten. Die Uniform war obligatorisch: Käppchen, grünes Hemd, Khakihosen und Stiefel. Der Gürtel hatte eine dicke metallene Schnalle, die mit einem S verziert war. Später behauptete die Regierung, das »S« bedeute nicht Salazar, sondern ›servir‹, dienen. Der faschistische Gruß war selbstverständlich, mit erhobenem Arm in Habachtstellung. Der Befehlshaber brüllte eine erste Frage: ›Portugiesen, wer soll leben?‹ Dann musste man aus vollem Leib schreien: ›Portugal! Portugal! Portugal!‹ Daraufhin fragte er noch einmal und lauter: ›Portugiesen, wer befiehlt?‹ Die Antwort lautete: ›Salazar! Salazar! Salazar!‹«[15]

Die Repression setzt ein.

Im März 1934 lässt Salazar den Arbeiteraufstand von Marinha Grande an der Atlantikküste blutig niederschlagen. 1935 zeigt Fernando Pessoa, dass er sehr schnell den wirklichen Charakter des Regimes erkannt hat. In einem lange Zeit unveröffentlichten Text, den er auf Französisch für die Zeitung *Colloquio* geschrieben hat, zeichnet der Dichter das Porträt eines Salazar, der »heuchlerisch« ist, hart und verschlagen, »engstirnig« und »die Träumer hasst, weil sie träumen«.[16]

Pessoa kritisiert vor allem die Zensur: »Ich soll einen Artikel nur dann veröffentlichen, wenn ich der Regierung zustimme, anderenfalls soll ich nichts sagen. [...] Die einfachste Lösung wäre, nichts zu publizieren, nur eine riesige Literatur des Schweigens zu schaffen.«

1936 ruft Salazar im Anschluss an eine große antikommunistische Demonstration die »Portugiesische Legion«, eine bewaffnete Miliz, ins Leben und schafft eine furchterregende politische Polizei. Im September 1936, nach der Revolte zweier Kriegsschiffsbesatzungen, die sich auf die Seite der spanischen Republikaner stellen wollten, verlangt die Regierung von allen Beamten einen antikommunistischen Eid.

»Den Seelen, die vom Zweifel und vom Negativismus unseres Jahrhunderts zerrissen sind«, erklärt Salazar, »haben wir den Trost der großen Gewissheit zu geben versucht. Wir haben nicht Gott und die Tugend angezweifelt; wir haben nicht das Vaterland und seine Geschichte angezweifelt; wir haben nicht die Autorität und ihr Ansehen angezweifelt; wir haben nicht die Familie und ihre Moral angezweifelt; wir haben nicht die Arbeit und den Ruhm des Arbeitens angezweifelt.«

In Löwen schließt sich Aristides der Bewegung an. Es sieht so aus, als sei er »S.« gegenüber wieder etwas positiver eingestellt.

In einem Brief an César vom 26. Januar 1935, in dem er seinen Bruder um einen neuen Kredit für die Bezahlung der Christusstatue bittet, die schon in Cabanas eingetroffen ist, berichtet er ihm von einer Unterredung mit Salazar bei seinem letzten Besuch in Lissabon. »Wir haben eine Stunde lang miteinander gesprochen«, schreibt Aristides, »er war freundlich und herzlich. Ich hatte sogar den Eindruck, dass er, selbst wenn er Dinge wissen will, keine Entscheidungsbefugnis hat. Er ist sehr ängstlich und hat nicht die Absicht, einem Attentat zum Opfer zu fallen. Gott möge ihn schützen.«

Am 16. Juni 1937, aus Anlass der »Feier der portugiesischen Rasse«, deren Vorwand die Gedenkfeier für den großen Dichter Luis de Camões ist, hält Aristides de Sousa Mendes eine Rede, in der er eine grandiose Huldigung auf die portugiesische Rasse und den lusitanischen Heroismus ausbringt und sich selbst als »Legionär des heiligen nationalistischen Kreuzzugs« bezeichnet. Er steckt wieder in finanziellen Schwierigkeiten. Außerdem muss er ein Disziplinarverfahren wegen einer Verspätung bei der Rückführung von Geldern ans Ministerium über sich ergehen lassen. 1938 bittet er um einen Posten als Geschäftsträger zweiter Klasse in China oder Japan. Er bekommt weder das eine noch das andere.

Die Regierung ernennt ihn zum Konsul in Bordeaux.

Aristides de Sousa Mendes wird dort seinem Schicksal begegnen.

Warum gehorcht ein Mensch auf einmal nicht mehr?

»Es wird nicht zum Krieg kommen, die Vernunft wird siegen«, sagte Aristides de Sousa Mendes, kurz bevor er nach Bordeaux aufbrach, obwohl sich die internationale Lage jeden Tag verschlechterte. Seine Frau Angelina, die gewiss die bessere Intuition hatte, schien viel pessimistischer zu sein und hatte düstere Vorahnungen.

Am 29. September 1938 treffen sie mit einigen ihrer Kinder offiziell in Bordeaux ein. Dort gibt Aristides sehr bald einen weiteren Beweis seiner Großzügigkeit. Einige portugiesische Rennfahrer, die an einem Radrennen teilgenommen hatten und nun kein Geld mehr für die Heimreise besaßen, brachte er auf eigene Kosten in einem Hotel unter, gab ihnen zu essen und zahlte ihnen die Tickets für die Rückfahrt.

Die Familie zieht in das Haus Nummer 14 am Quai mit dem Namen Louis XVIII.,[17] dem Lieblingskönig der Einwohner von Bordeaux, weil er die von den Engländern erzwungene Hafenblockade aufhob. Die Wohnung wurde über einer ehemaligen Kapelle errichtet, ist 350 Quadratmeter groß und liegt gleich neben der Garonne, die in diesem Spätsommer träge dahinfließt.

Nur wenige Schritte von der 126.000 Quadratmeter großen Esplanade des Quinconces und dem beeindruckenden Denkmal für die Girondisten entfernt, gleich neben dem Stadtviertel Chartrons gelegen, weltweit eines der größten Handelszentren für Wein, ist der Quai Louis XVIII., das eigentliche Herzstück der

Stadt. Dort herrscht ständig Betrieb. Neben dem Autoverkehr liegen hier Dutzende Schiffe aus aller Welt. Auch der Bahnhof ist nicht weit. Die Familie bezieht die vierzehn Zimmer der Wohnung, von denen zwei für das Konsulatsbüro reserviert sind.

Der Sekretär des Konsulats, José Seabra, empfängt Aristides de Sousa Mendes. Am 17. November 1906 in Lissabon geboren und 1930 nach Frankreich gekommen, arbeitet er seit Mai 1936 im Konsulat. Er ist klein, trägt eine Brille, ist diskret und autoritätsgläubig. Er ist zudem so übertrieben höflich, dass ihn manche für maniert halten.

»Er sprach nicht sehr viel«, erinnert sich Pedro Nuno, »ich glaube, er litt unter dem Tod einer Dame aus Bordeaux, die er sehr geliebt hatte, und er ging jeden Samstag zum Friedhof, um einen Blumenstrauß auf ihr Grab zu legen.« Schnell ist er von Aristides' Charme eingenommen, verführt von seiner Großzügigkeit, seinem Schwung, seiner Begeisterungsfähigkeit.

Fernanda Dias de Jesus Silva, die treue Hausdienerin, ist auch mit nach Bordeaux gekommen. Sie wurde in Carregal do Sal geboren, hatte in der Grundschule die Schwester von Salazar als Lehrerin und hat die Familie Sousa Mendes schon nach Antwerpen begleitet. »Für mich war es wichtiger, bei einem Diplomaten zu arbeiten, als ein Kolleg zu besuchen«, antwortete sie Carlos Magno, einem Journalisten von *L'Expresso*, in einem Interview von 1996.[18] Ihre Mutter hatte sie dem Konsul anvertraut, weil sie überzeugt war, so sei ihre Zukunft gesichert.

In Bordeaux hat die »Göre«, wie sie von der ganzen Familie genannt wurde, gleich mehrere Rollen. »Ich war Pförtnerin, ich kümmerte mich um die Kinder, ich ging ans Telefon, ich half überall aus, wo es gerade nötig war«, erzählt sie. Der Journalist fügt hinzu: »Ihr Blick ging dabei so in die Ferne, dass sie sechzig Jahre später immer noch am Garonne-Quai zu sein schien.«

Eine weitere Persönlichkeit tritt hier ins Leben des Aristides de Sousa Mendes: Andrée Cibial. Was für ein seltsames Schicksal hatte diese Frau, die schon als Jugendliche geschworen hatte, eines Tages einen Konsul zu heiraten. 1938, als sie Aristides de Sousa Mendes zum ersten Mal trifft, ist sie dreißig Jahre alt. Andrée wird am 6. Februar 1908 als Tochter eines Möbellieferanten in Bordeaux geboren, der seine Familie kurz darauf verlässt. Ihre Mutter stirbt 1911, als Andrée erst drei Jahre alt ist. Aufgezogen wird sie von der Schwester ihres Vaters und deren Mann, die in Ribérac leben. Nach dem Gymnasium in Ribérac studiert sie Musik in Bordeaux und schließt mit der Agrégation (eine Lehramtsprüfung) ab, in Gesang sogar mit Auszeichnung.

Andrée Cibial,
Entstehungsdatum des
Bildes unbekannt.

Sie ist lebhaft, elegant, gebildet und eine großartige Sängerin. Sie gehört zu jenen leicht verrückten Menschen, die niemals an etwas zweifeln und die fähig sind, eine immense Energie aufzubringen, um ihre Ziele zu erreichen, um die Sterne vom Himmel zu holen, auch wenn ihre Sterne oft nur aus Papier sind, kindliche Wunschbilder. Wie sonst könnte man diese fixe Idee erklären, die sie ihren Freunden anvertraut hat, dass sie einen Konsul heiraten will – keinen Diplomaten: einen Konsul! In Bordeaux lernt sie einen afrikanischen Konsul kennen. Aber es funkt nicht. Als sie dagegen den eleganten, charmanten und außergewöhnlich aristokratischen Aristides erblickt, ist sie fasziniert. Mehr, als sie sich selbst je vorstellen konnte. Auch er fühlt sich von dieser Frau angezogen, die mit ihrem Freiheitsdrang und ihrer Verachtung der Konventionen den Gegenpol zu Angelina darstellt, seiner treuen, ergebenen und frommen Gemahlin. Andrée gehört zu jenen Menschen, die keine Heimat und keine Familie haben. Ihre Beziehung zu Aristides ist nicht einfach. Pedro Nuno erzählt, dass sein Vater ihn eines Abends bat, mit »einer Dame« ins Kino zu gehen – es war niemand anderes als Andrée.

In Lissabon wird die Lage immer schwieriger. Der portugiesische Schriftsteller Miguel Torga beschreibt den Winter 1939/40 folgendermaßen: »Die politische Atmosphäre wurde immer unerträglicher, jede Unabhängigkeitsbestrebung und entschlossene Willenskundgebung wurde unterdrückt. Die klerikal-militärische Diktatur, die sich in einem einzigen Willen verkörperte, hatte die Nation in einen Ort des Schreckens verwandelt, wo das Schweigen Gestalt annahm im Stempel der Zensurbehörde, und diejenigen, die nicht aufgaben, am Alptraum der ständig gegenwärtigen Geheimpolizei erstickten.«[19]

Die Familie nimmt wieder ihre Gewohnheiten auf. Die Wohnung am Quai Louis XVIII. ist stets von Musik und Lebensfreude erfüllt. Aber nicht lange.

Angelina hatte recht: Am 1. September 1939 fallen die deutschen Truppen in Polen ein und eröffnen damit eine der schlimmsten Tragödien der Weltgeschichte.
Salazar entscheidet sich für die Neutralität, selbst wenn er es am Ende des Krieges den Alliierten gestatten wird, die Azoren als Basis zu benutzen. »Manche Leute bewundern noch heute diese Politik eines sehr prekären Gleichgewichts«, kommentiert ein ehemaliger Journalist aus Lissabon, »aber sie vergessen dabei, dass in bestimmten Situationen, vor allem angesichts des Grauens, die Wahlenthaltung auch eine Wahl bedeutet.«

Salazar bei einer Parteiversammlung in Lissabon
am 11. März 1938.

Angesichts der deutschen Pläne, die iberische Halbinsel zu besetzen, rieten Salazars Anhänger ihm, Hitler auf keinen Fall »aufzuscheuchen«. Churchill und Montgomery verstanden allerdings sehr bald die Grenzen dieses Doppelspiels und begannen, den Herrn von Lissabon zu verachten.

Mit seiner Formel der »kooperativen Neutralität« verbreitet er eigentlich nur Nebel, was ihm selbst bewusst ist. »Die Juristen«, sagt er ironisch, »werden diesen Begriff nur schwer erklären können.« So wie er sein Schweigen nur schwer rechtfertigen kann, als zuerst die Alliierten und danach die Japaner diese portugiesische Neutralität ohne zu zögern verletzen, indem sie Timor okkupieren, das damals portugiesische Kolonie war.

Aristides und Angelina beschließen, die Kinder in Cabanas in Sicherheit zu bringen. Es ist eine beschwerliche Reise. Da Aristides bei seinen Vorgesetzten nicht um die Erlaubnis nachgesucht hat, seinen Posten verlassen zu dürfen, möchte er möglichst schnell reisen und holt aus seinem Auto, dem »Expresso dos Montes Hermínios«, das Maximum heraus. Fernanda, die Jüngste, ist krank und sitzt zwischen Aristides und Angelina auf dem Vordersitz. Sie müssen oft anhalten, damit sie sich übergeben kann. »Wir waren sehr hungrig«, erzählt Fernanda, »hatten aber weder Geld noch etwas zu essen. So aßen wir rote Früchte vom Straßenrand.« Das riesige Auto mit seinem Diplomatenkennzeichen und seinen verängstigten Insassen bleibt auf Spaniens Straßen nicht unbemerkt. Vor allem, weil ein anderes Auto ihm wie ein Schatten folgt: das einer belgischen Prinzessin, die aus Frankreich flüchtet.

Bei Salamanca wird Aristides aus der Kurve getragen, das Auto überschlägt sich. Der Konsul klettert heraus und merkt schnell, dass niemand verletzt ist. Er schreit: »Gelobt sei Gott! Gelobt sei Gott! Gelobt sei Gott!« Fernanda ist allerdings für einige Augenblicke ohnmächtig geworden. Sie ist mit dem Schrecken davongekommen, doch das Auto bleibt den ganzen Tag am Straßenrand liegen, ehe man es wieder flottbekommt.

Dann geschieht etwas, worauf alle gern verzichtet hätten: Die Frau des Diktators Franco kommt vorbeigefahren, und als sie das diplomatische Kennzeichen sieht, fragt sie Aristides, ob sie ihm helfen könne. An der Grenze zwischen Spanien und Portugal übergibt Aristides, der nicht ins Land zurück möchte, da er fürchtet, dass seine Eskapade in Lissabon schon bekannt ist, den kleinen Bus mit seiner Familie einem Cousin, der alle nach Cabanas bringt. Weiß er in diesem Augenblick bereits, dass bald nichts mehr so sein wird, wie es vorher war?

Da ist er nun also in Bordeaux, mit Angelina und José in dieser riesigen Wohnung. Am 13. November 1939 erhält er, wie alle portugiesischen Diplomaten im Ausland, ein Rundschreiben seines Ministers – es hat die Nummer 14 –, das Jahrhunderte traditioneller portugiesischer Gastfreundschaft infrage stellt und offiziell eine bis dahin unbekannte rassistische und religiöse Diskriminierung einführt.

Was steht in diesem Rundschreiben Nr. 14? Zunächst gibt es eine gewundene Vorbemerkung über die »gegenwärtigen ungewöhnlichen Umstände« und die Notwendigkeit, »provisorische Maßnahmen gegen eventuellen Missbrauch« einzuführen, ohne die Einreise nach Portugal allzu schwierig zu machen für »Ausländer, die auf der Durchreise nach Lissabon kommen, um von dort nach Amerika weiterzufahren, und die wir nicht behindern wollen«. Danach folgt ein Verbot für die Konsuln, ohne Rückfrage beim Außenministerium Pässe oder Visa für Personen der folgenden Kategorien auszustellen:

CIRCULAR Nº. 14
Proc.552.

Exmº. Sr. Ministro de Portugal

Tenho a honra de remeter a V. Exª. as ins-
truções seguintes sobre a concessão de passaportes,
vistos em passaportes e matrículas consulares, de cujo
conteúdo rogo a V. Exª. se digne dar conhecimento aos
postos consulares subordinados a essa Missão:

1.   Torna-se necessário nas actuais circunstân-
cias anormais adoptar certas providências e definir
algumas normas, embora a título provisório, que previ-
nam quanto possível, em matéria de concessão de passaportes consulares portugueses e de vistos consulares,
abusos e práticas de facilidades que a Polícia de Vigi-
lância e Defesa do Estado entende inconvenientes ou pe-
rigosas, sem ao mesmo tempo dificultar excessivamente o
expediente de tais assuntos, alguns dos quais, como o
dos estrangeiros em trânsito por Lisboa para embarque
com destino à América, temos todo o interesse em não
embaraçar.

2.   Nesta orientação fica determinado o seguinte:

1ª.-Ao abrigo do disposto no artª. 701 do Regula-
mento Consular fica prohibido aos cônsules de 4ª. Classe conceder passaportes ou vistos consulares sem prévia
consulta à Secretaria de Estado.

§ único-Exceptuam-se os Cônsules de 4ª. Classe que
tenham recebido autorização especial dada pelo Ministé-
rio, os quais se regularão pelas disposições que seguem,
relativas aos Cônsules de carreira

2ª.-Os cônsules de carreira não poderão conceder

- Ausländer unbestimmter, bestrittener oder aberkannter Nationalität; Staatenlose; Russen; Träger eines Nansen-Passes.[20]
- Ausländer, die nach Einschätzung des Konsuls keine triftigen Gründe für eine Reise nach Portugal nachweisen können, sowie Inhaber von Pässen mit Eintragungen, die belegen, dass sie nicht frei in ihre Herkunftsländer zurückreisen können. (Die Konsuln sollen auch nachforschen, ob diese Ausländer über genügend Mittel zur Selbstversorgung verfügen.)
- Juden, die aus ihrem Herkunftsland vertrieben wurden und ihre Staatsangehörigkeit verloren haben.

Und hier beginnt der Widerstand des Aristides de Sousa Mendes. Was ist nur geschehen mit diesem Mann, der jetzt etwa fünfundfünfzig Jahre alt ist, vierzehn Kinder gezeugt hat und bis dahin niemals in Opposition zu seiner Regierung getreten ist, außer als sie republikanisch war? Mit diesem Mann, der große Geldsorgen hat und dessen einziges Interesse es ist, seine Zeit in Bordeaux abzuschließen, um einen angeseheneren und entfernter gelegenen Posten zu erhalten? Was ist geschehen, dass dieser Mann, der zunächst gelernt hatte zu gehorchen, nun beginnt, sich zu widersetzen?

Seinen ersten Akt des Widerstands vollführt er schon bevor er das Rundschreiben Nr. 14 erhält. Am 27. November und am 6. Dezember 1939 ersucht er in Lissabon um die Genehmigung, dem österreichischen Staatsbürger Arnaldo Wiznitzer und seiner Familie ein Visum zu erteilen. Er folgt also den Anweisungen des Rundschreibens, mit dem einzigen Unterschied, dass er … das Visum schon längst ausgestellt hatte!
Am 2. Februar 1940 begibt sich ein spanischer Professor aus Barcelona, Eduardo Neira Laporte, der vor dem Franco-Regime

geflohen ist, zum Quai Louis XVIII. und erklärt dem Konsul sein Problem: Er muss nach Bolivien, wo er und seine Familie Aufnahme finden werden. Zu diesem Zweck muss er in La Rochelle ein Schiff nach Lissabon nehmen, um von dort weiter nach Nicaragua zu kommen. Umgehend schickt Aristides de Sousa Mendes den Antrag auf Genehmigung nach Lissabon. Er bekommt jedoch keine Antwort.

Einen Monat später kommt der spanische Professor wieder, in großer Panik: Wenn er nicht morgen das Schiff nach Lissabon nimmt, wird er seinen Anschluss nach Lateinamerika verpassen. Am 1. März unterschreibt Aristides de Sousa Mendes das Visum, noch bevor eine Antwort aus Lissabon eingetroffen ist; diese kommt erst am 11. März und ist negativ. Am 12. März trifft Laporte mit dem auf den 1. März datierten Visum mit seiner Familie in Lissabon ein. Sie werden als unerwünscht eingestuft, dürfen aber dennoch auf das Schiff nach Amerika. Der Generalsekretär des Außenministeriums, der Graf Tovar, eine Gestalt, die uns noch beschäftigen wird, schickt dem Konsul in Bordeaux darauf eine ernste Abmahnung.

In einem Brief, den Aristides im Mai 1940 an César sendet, beklagt er sich darüber, sehr unter dem Ministerium zu leiden. »Wenn ich [für Prof. Laporte] kein Visum ausgestellt hätte, wäre der Mann nie von hier weggekommen.« Und Aristides schließt: »Alles ist noch einmal gut gegangen, aber der portugiesische Stalin wollte sich auf mich stürzen wie eine wilde Bestie. Ich hoffe, dass es nun sein Bewenden damit hat, kann aber eine neue Attacke nicht ausschließen. Mit meinem Gewissen habe ich keine Probleme.«

Doch Aristides wird noch sehr viel Anlass haben, sich über den »portugiesischen Stalin« zu beklagen. Am 30. Mai 1940 handelt er ebenso und stellt einem Paar aus Luxemburg, das auf der Flucht vor den Deutschen ist, portugiesische Pässe sowie ein Transitvisum aus.

Sie ist fünfunddreißig Jahre alt und Portugiesin – eine geborene Maria da Conceição-Tavares de Castro. Es ist kein Problem, ihr einen Pass auszustellen. Paul Miny hingegen, neunzehn Jahre alt, ist Luxemburger. Aristides zögert nicht, ihm ein falsches Dokument auszustellen und – damit sein portugiesischer Pass glaubwürdiger ist – Paul Miny in Marias Bruder zu verwandeln. Am 7. Juni 1940 unterrichtet die Geheimpolizei das Außenministerium davon, dass in Vilar Formoso drei Polen festgenommen wurden, die im Besitz von Pässen mit Visa waren, ausgestellt am 29. Mai und unterschrieben von Aristides de Sousa Mendes.

Inzwischen ist er auch wieder Andrée begegnet. Sie erwartet ein Kind von ihm. Ist das verwunderlich? Hatte sie nicht das Haus in Ribérac ein Jahr zuvor verlassen und angekündigt: »Wenn ich wiederkomme, werde ich schwanger sein!« Ihre Wiederkehr feiert sie an einem Sonntag in der Kirche des kleinen Ortes, mitten in der Elfuhrmesse. Triumphierend.

Pedro Nuno kommt nach Bordeaux zurück, um sein Examen abzulegen. Auch José lebt nun wieder in der Wohnung am Quai Louis XVIII. Seit dem Tod seines Bruders erfüllt ihn unaussprechliche Trauer.

Die deutsche Wehrmacht rückt in rasantem Tempo immer weiter nach Süden vor.

César ist in Warschau. Während der Bombenangriffe organisiert er im Keller seines Hauses Gebetsstunden. Als alle wieder herauskommen, stellen sie fest, dass das ganze Viertel zerstört wurde, außer ihrem Gebäude. Seine Nachbarn flehen ihn an zu bleiben.

Seit dem 20. Mai strömen Flüchtlinge zu Tausenden in die Hauptstadt der Gironde. Zum dritten Mal wird Bordeaux die Hauptstadt – oder die Zufluchtsstätte – Frankreichs.

Man erinnert sich zuerst an das Jahr 1870. Am Ende jenes Jahres kam im Rathaus der Stadt ein Telegramm aus dem Innenministerium an: »Der Vertreter des Kriegsministeriums sowie die Verwaltungsdienste werden sich in Ihre Stadt begeben, wo sie morgen gegen sechs Uhr eintreffen. Ich wäre Ihnen sehr dankbar, wenn Sie ihnen die größtmögliche Zahl von Räumen im Rathaus zur Verfügung stellen könnten, und vor allem auch, falls sie derzeit nicht genutzt werden, die Räume, die für den Empfang des Herrscherpaares vorgesehen sind.« Denn das Zweite Kaiserreich war ja soeben zusammengebrochen.
»Paris ist am 17. September 1870 besetzt worden, und was noch an politischen Führern da war, die ja angeblich bis zum letzten Augenblick in der Hauptstadt weiterkämpfen wollten, hat sich vorübergehend in Tours einquartiert. Aber nicht für sehr lange, gemäß der Tradition, die sich gebildet hatte. Man griff schon wieder zu den kaum geöffneten Koffern, als die Ulanen Chambord, einen sehr symbolischen Ort, erreichten.«[21] Es wird ein Befehl erlassen, dass alle Politiker und Angestellten von Ministerien am 8. Dezember abends in einen Zug steigen sollen, der um 22 Uhr in Richtung Bordeaux abfährt.
Die Ankunft in Bordeaux mitten in der Nacht ist weniger pittoresk als die Abfahrt von Tours. Am 23. Dezember wird die Regierung vom Stadtrat im Rathaus empfangen. Am 28. kommt auch Gambetta, der aus Paris im Fesselballon geflohen ist, am Bahnhof Saint-Jean an. Und am 21. März 1871 ratifiziert die Versammlung von Bordeaux, die vor allem aus Notabeln besteht, den Waffenstillstand.

Im Jahr 1914 wird Bordeaux, einen Monat nach Beginn des Krieges, wieder zur provisorischen Hauptstadt Frankreichs. Vierundvierzig Jahre nach Gambetta und Thiers zieht Poincaré, Präsident der Republik, in die Präfektur ein. Zu diesem Zeitpunkt beherbergt Bordeaux 25.000 bis 30.000 Personen aus anderen Städten. Diese verlassen die Stadt erst im Januar 1915, als sich die Front stabilisiert hat.

Fünfundzwanzig Jahre später kommen *sie* nun wieder, auf der Flucht vor dem Ansturm der Nazis. Die Flüchtlinge sind noch vor den Ministern da. Zu Zehntausenden treffen sie ein. Aus ganz Europa. »Die Hotels sind alle ausgebucht und manche Flüchtlinge schlafen in ihren Autos.«[22]
»Sie schlafen überall«, liest man bei Jean Chédaille, »in Autos, auf Bänken, in Unterführungen auf dem Bahnhof Saint-Jean, auf kleinen Plätzen.« Der Bahnhof beherbergt ganze Scharen von Frauen, Alten, Kindern. Unablässig treffen mit Flüchtlingen vollgestopfte Züge ein. Restaurants, Bäckereien, Cafés werden gestürmt. Die Place Pey Berland ist zum Parkplatz für Fahrzeuge geworden, die auf der Durchreise nach Spanien oder Südfrankreich sind.
Die Steinbrücke wird von einem nicht endenden Stau blockiert. Autos voller Insassen, mit Betten oder Stühlen im Dachgepäck, Busse, Karren, Lastwagen bilden ein unbeschreibliches Durcheinander. Charles Philippe, ein Maler aus der Stadt, hat diese Szene in einer berühmt gewordenen Radierung verewigt. Das Schiffsaufkommen im Hafen ist gewaltig: Allein im Monat Juni werden 400 Schiffe gezählt.

In der Nacht vom 13. auf den 14. Juni marschieren die Deutschen, genau wie von Hitler geplant, in Paris ein. In Lissabon erzählt Adriano Moreira, späterer Minister Salazars, der damals noch Student war: »Als wir erfuhren, dass Paris gefallen war, waren wir wirklich ergriffen. An jenem Abend saß ich im Theater. Eine sehr beliebte Schauspielerin betrat die Bühne mit einer französischen Fahne und sang die *Madelon*. Sehr viele Leute fingen an zu weinen.«

»Es war die Zeit«, fügt Moreira hinzu, »in der das Französische wirklich die zweite Sprache der Länder war und alles Gute aus Frankreich kam. Sogar die Babys.«[23] Am 14. Juni wird Bordeaux also erneut die Hauptstadt Frankreichs, das nun die schlimmste Niederlage seiner Geschichte erleiden wird. An jenem Abend überquert die Kolonne der Autos mit den Staatsvertretern die Steinbrücke. Der Botschafter aus Rumänien muss zwei Nächte in seinem Auto schlafen, ehe er eine Wohnung erhält. Philippe Pétain und Pierre Laval nehmen im Rathaus Quartier, Maxime Weygand in der Rue Vital-Carles. De Gaulle seinerseits logiert im Hôtel Majestic, das ganz nah am Quai Louis XVIII. liegt.[24] Vielleicht sieht er, der zwei Tage später nach England gehen wird, aus seinem Fenster die endlose Schlange von Flüchtlingen, die vor dem portugiesischen Konsulat warten, in der Hoffnung auf das Visum, das ihr Leben retten könnte. Die Nazi-Armee rückt näher und man muss Frankreich um jeden Preis verlassen, vor allem, wenn man einen jüdischen Namen trägt oder den Totalitarismus bekämpft hat.

Genau zu diesem Zeitpunkt trifft Aristides' Neffe César in Bordeaux ein.

»Als ich in der Stadt ankam und mich zum portugiesischen Konsulat begab, bemerkte ich sogleich eine große Menge von Flüchtlingen, die in dieselbe Richtung gingen und auch zum portugiesischen Konsulat wollten. Je näher ich zum Konsulat kam, desto dichter wurde die Menge. [...] Es waren viele Alte und Kranke darunter ... auch schwangere Frauen, die sich nicht wohlfühlten, Menschen, die ihre Angehörigen unter den Geschossen der Flugzeuge auf den Straßen hatten sterben sehen, ohne helfen zu können.«

Was César aber am meisten erschüttert, als er das Gebäude am Quai Louis XVIII. betritt, ist, dass die Flüchtlinge sich auch in den Büros und sogar in einem Teil der Privaträume aufhalten, wo sie auf Stühlen, auf dem Fußboden oder auf schlichten Decken schlafen.

»Selbst die Büros des Konsuls waren gedrängt voll von Flüchtlingen«, erzählt César, »die todmüde waren, weil sie ganze Tage und Nächte auf der Straße, auf der Treppe und schließlich in den

Bordeaux 1940: Der Flüchtlingsstrom nahe der Pont de Pierre. Radierung von Charles Philippe.

Ebenfalls Bordeaux 1940: Flüchtlinge, die vor dem Rathaus darauf warten, ein Visum zu bekommen.

Büros verbracht hatten. Sie konnten ihre Notdurft nicht mehr verrichten, sie aßen und tranken nicht mehr, aus Angst, ihren Platz in der Schlange zu verlieren – was aber dennoch vorkam und Unruhe erzeugte. Daher sahen die Flüchtlinge ganz elend aus, sie wuschen sich nicht mehr, zogen sich nicht mehr um, rasierten sich nicht mehr. Die meisten besaßen sowieso nur noch die Kleider, die sie am Leibe trugen.«

Césars Bericht zufolge hatten die Zwischenfälle solche Ausmaße angenommen, dass man die Armee bitten musste, für Ordnung zu sorgen. So kampierten mehrere Soldaten unter dem Befehl eines Unteroffiziers in den Büros.

César sollte noch mehr Überraschungen erleben. Als er die Wohnräume betritt, trifft er seine beiden Cousins Pedro Nuno und José sowie seine Tante Angelina schrecklich beunruhigt an. Sie berichten ihm, dass Aristides seit dem vorigen Abend krank im Bett liegt. Er steht nicht mehr auf, nicht einmal, um zu essen. Er ist manchmal sehr erregt, wie von einem starken Fieber befallen, dann wieder niedergeschlagen und wie betäubt.

»Was ist los mit ihm?«, fragt César.

»Von nun an gibt es keine Staatsangehörigkeiten, keine Rassen und keine Religionen mehr«

Ende Mai begaben sich viele Flüchtlinge, sobald sie in Bordeaux eingetroffen waren, sofort zum portugiesischen Konsulat, denn sie wussten, dass ein Visum nach Lissabon ihnen den Weg nach Übersee öffnen würde. Andere, die sich weniger gut auskannten und nur das eine Ziel hatten, vor den Nazis zu fliehen, folgten dieser allgemeinen Bewegung und schlossen sich der Menge an, die zum Konsulat strömte.

Manche wiederum hatten schon gehört, dass der portugiesische Konsul für ihre Not besonders aufgeschlossen war. Seit Mai hatte Aristides de Sousa Mendes, wie wir schon gesehen haben, mehr als einmal gegen die neuen Vorschriften für die Erteilung von Visa verstoßen. Und so etwas spricht sich unter den Flüchtlingen, die ihr Leben und das ihrer Familie riskieren, natürlich herum.

So werden die Antragsteller immer zahlreicher. Wenn sich Aristides de Sousa Mendes an Form und Inhalt des Rundschreibens Nr. 14 halten wollte, müsste er für jeden Antrag die schriftliche Erlaubnis seines Ministeriums einholen. Diese schon in normalen Zeiten schwer zu befolgende Forderung wird natürlich angesichts der Umstände in Bordeaux in diesem Sommer 1940 völlig undurchführbar.

Wiederholt hat er die Behörden seines Landes alarmiert. Am 21. Mai hat er ein Telegramm an Salazar geschickt, in dem er um Instruktionen bat, was angesichts dieser Flüchtlingsflut zu tun sei. Die Antwort ist lakonisch: »Halten Sie sich an das Rundschreiben Nr. 14!« Am 13. Juni verweigert die Regierung die Visa, die Aristides für etwa dreißig Personen beantragt hat. Darunter befindet sich auch der Antrag von Rabbi Chaim Krüger.

Sousa Mendes hatte ihn vor jener Synagoge getroffen, die zwei Jahre später Schauplatz einer blutigen Aktion der Nazi-Soldateska werden sollte. Aus ihrer Begegnung entstand eine Freundschaft, wie es sie selten gibt, eine jener Freundschaften, die in Ausnahmezeiten von Ausnahmepersönlichkeiten geschlossen werden.
Welche Gemeinsamkeiten gibt es zwischen dem katholischen und monarchistischen Aristokraten aus Portugal und dem Rabbi aus Antwerpen, wenn nicht die, dass sie zwei gute Menschen waren in einer Zeit, die nicht gut war?
Das Foto, auf dem man sie beide einige Monate später in Lissabon sieht, ist ergreifend. Mit dem schwarzen Hut auf dem Kopf, dem zugeknöpften Gehrock und dem langen Bart ist der Rabbiner ebenso schmal, wie Aristides imposant ist. Der Konsul hat sich wirklich sehr verändert, seit er in Galauniform ins Außenministerium eingetreten ist – graues, ungekämmtes Haar, vorstehender Bauch, schlecht geknotete Krawatte, runde Brillengläser. Aber auch wenn seine Statur fülliger geworden ist, so strahlt er doch, sogar mehr als je zuvor, eine ungewöhnlich intensive Menschlichkeit aus.
Ann Ehrenfeld, Rabbi Krügers Tochter, hat uns Folgendes erzählt: »Mitte Mai sagte unser Vater eines Tages zu uns: Wir müssen aus Antwerpen flüchten. An einem Montag gingen wir zum Bahnhof und stiegen in einen Zug voll mit Flüchtenden, die von der deutschen Grenze kamen.«
Und Jacob Krüger, Rabbi Krügers Sohn, ergänzt: »Als mein Va-

Aristides de Sousa Mendes
und Rabbi Chaim Krüger.
Aufnahme aus dem
Jahr 1940.

ter Aristides de Sousa Mendes traf, hat dieser ihm sofort seine
Gastfreundschaft angeboten. Stellen Sie sich das vor: Er lädt
einen Menschen zu sich ein, den er noch nie gesehen hat, und
das mitten im Krieg. Zudem waren wir Juden!«
Die Krügers richten sich also in der Wohnung am Quai Louis
XVIII. ein. Es gibt Platz genug, weil nur zwei Kinder da sind, Pedro Nuno und José. Aristides de Sousa Mendes beantragt Visa
für den Rabbiner und seine Familie. Wie wir wissen, kommt
am 13. Juni ein abschlägiger Bescheid. Sousa Mendes verspricht
seinem Freund, dass er alles tun wird, ihm und seiner Familie
dieses wertvolle Visum zu verschaffen, mit dem sie Frankreich
verlassen können. Da gibt der Rabbiner eine Antwort, die alles
zum Kippen bringt:

»Sie müssen nicht nur mir helfen, sondern all meinen Brüdern, die vom Tod bedroht sind.«

Was soll aus diesen Flüchtlingen werden, wenn sie nicht fliehen können?

Heute wissen wir leider die Antwort: Die meisten wären in einem Konzentrationslager ums Leben gekommen.

Jenes Kind auf diesem Foto, das auf den Treppen zum Konsulat wartet? Auschwitz!

Dieses Mädchen, das auf seinem Koffer sitzt und dessen Blick ins Leere geht? Ravensbrück!

Dieser schwarzhaarige Mann, der gerade mit anderen Flüchtlingen spricht, die Hände in den Taschen? Dora!

Alle wären betroffen gewesen von den Demütigungen der ersten antijüdischen Gesetze der Vichy-Regierung, etwa dem gelben Stern, den man am Abend auf die Kleidungsstücke der Familie näht und der einen am nächsten Morgen, wenn man zur Schule oder in die Fabrik, ins Büro oder in seinen Laden geht, zu einem Menschen macht, der sich von den anderen unterscheidet. Oder das Verbot, sich an öffentliche Plätze zu begeben: »Verboten für Juden und für Hunde« kann man am Eingang eines großen Cafés in Bordeaux lesen.

Die deutschen Soldaten, an denen man vorbeiging, mit Angst im Bauch und auf das Pflaster gesenktem Blick. Die Razzia am frühen Morgen, durch französische Polizisten, die Eisenbahnfahrt in Viehwaggons bis ins Lager Drancy.[25] Und danach das Grauen.

»Versuchen Sie einmal, sich das vorzustellen«, sagte der Rabbiner Marcel Stourdze wiederholt, als er den Geschworenen im Papon-Prozess[26] seine Deportation schilderte.

»Wir kommen im Lager Auschwitz an. Wir müssen uns nackt ausziehen. Ein Häftling kommt herbei. Er rasiert einen, unter

den Achseln, auf der Brust, an der Scham, überall. Ein anderer Häftling bringt einen Eimer mit einer Mischung aus Wasser und Petroleum, um sicherzugehen, dass man keine Läuse hat.
Stellen Sie sich das vor, meine Damen, den Schwamm auf Ihrem Körper, auf Ihren Brüsten, zwischen Ihren Beinen!
Dann erhält man eine Nummer. Ein Häftling wird sie eintätowieren. Er hat einen Federhalter mit einer Nadel. Er sticht aber nicht mit der Spitze zu, sondern mit der kleinen Kugel. Er ritzt die Löcher für die Ziffern. Für eine Ziffer braucht man zehn Löcher ... Man ist nichts mehr, nur noch eine Nummer.«
Diese Männer und Frauen, die da warten, sind potenzielle Nummern.
Flüchtlinge? Nein, zum Tode Verurteilte!

Natürlich können sich weder Sousa Mendes noch Rabbi Krüger das Unvorstellbare vorstellen, den absoluten Horror des Holocaust. Dennoch sagte Rabbi Krüger seinem neuen Freund: »Meinen Brüdern droht der Tod.«
Pedro Nuno, der ihrem Gespräch beigewohnt hat, erzählt: »Mein Vater war auf einmal so müde, als wäre er von einer galoppierenden Krankheit befallen. Er blickte uns an und ging zu Bett.«
Sebastião Mendes, der »Amerikaner«, war zu jener Zeit nicht in Bordeaux. Und doch zeichnete er im Jahre 1951 in einer kurzen Erzählung, ausgehend von einzelnen Zeugenaussagen, ein bewegendes Porträt seines Vaters in jenem entscheidenden Augenblick seines Lebens. »Er wirkte besorgt; um seine Augen hatte er große blaue Ringe, seine Haare waren vollkommen weiß geworden, weiß wie Schnee.«[27]
In dieser Stimmung fand der Neffe César die Wohnung am Quai Louis XVIII. vor.

Tausende Flüchtlinge warten, von uniformierten Soldaten bewacht. In seinem Schlafzimmer liegt ein Mann auf dem Bett und wälzt sich hin und her, er schwitzt und manchmal stöhnt er. Ein gequälter Mann, der von den Seinen keinerlei Hilfe annimmt. Das dauert drei Tage und drei Nächte.

Drei Tage und drei Nächte, in denen Aristides de Sousa Mendes keinen Kontakt zur Außenwelt hat.

Am Morgen des vierten Tages – es ist der 16. Juni – ändert sich alles.

»Mein Vater ist am Morgen des vierten Tages aufgestanden, wie erleichtert und voll unglaublicher Energie«, erzählt Pedro Nuno. »Er hat sich gewaschen, rasiert, angezogen, dann ist er aus seinem Zimmer gekommen, hat die Tür zur Kanzlei aufgemacht und mit lauter Stimme gesagt: ›Von nun an werde ich allen ein Visum geben, es gibt keine Nationalitäten, Rassen, Religionen mehr.‹«

Und Pedro Nuno fährt fort: »Dann hat er uns gesagt, dass er eine Stimme gehört hat, die Stimme seines Gewissens oder die Stimme Gottes, die ihm diktiert habe, wie er sich verhalten solle, und dass alles für ihn vollkommen klar sei.«

César Mendes erinnert sich an weitere Äußerungen seines Onkels: »Ich kann nicht zulassen, dass all diese Leute umkommen. Viele von ihnen sind Juden, und in unserer Verfassung steht eindeutig, dass Ausländern weder aufgrund ihrer Religion noch ihrer politischen Überzeugung der Aufenthalt in Portugal verweigert werden darf.

Ich habe beschlossen, diesem Prinzip treu zu sein, werde aber nicht zurücktreten. Ich kann dem christlichen Glauben, dem ich angehöre, nur treu bleiben, wenn ich so handle und der Stimme meines Gewissens folge.«

Am Sonntag, dem 16. Juni 1940, beginnt im Haus Nummer 14 am Quai Louis XVIII. in Bordeaux das, was der Historiker Yehuda Bauer, einer der besten Kenner dieser Zeit, als »die größte Rettungsaktion, die während des Holocaust von einem einzelnen Menschen durchgeführt wurde«, bezeichnet hat.[28]

Während sich Aristides de Sousa Mendes, vor allem mithilfe von Rabbi Krüger, an die Arbeit macht, Visum um Visum auszustellen, überstürzen sich, nicht weit von dort, die Ereignisse. Um 16 Uhr unterrichtet de Gaulle, der eine Blitzreise nach London unternommen hat, den Ministerrat von dem englischen Vorschlag, eine gemeinsame Regierung für beide Länder zu bilden.

Die Stimmung in der Kabinettssitzung ist aufgeheizt; auf der Straße lärmen die Massen und bekunden ihren Antiparlamentarismus. Ministerpräsident Paul Reynaud erklärt seinen Rücktritt. Um 22 Uhr wird Philippe Pétain von Staatspräsident Albert Lebrun aufgefordert, eine neue Regierung zu bilden. Es ist die letzte Kabinettssitzung der Dritten Republik.

Den ganzen Tag lang unterschreibt Aristides de Sousa Mendes Visa. Für alle, ohne irgendjemanden irgendetwas zu fragen.

Welche Religion? Unwichtig, unterschreiben!

»Völkische« Herkunft? Ohne Bedeutung, unterschreiben!

Jude, Katholik, Protestant? Das Gleiche, unterschreiben!

Russe? Unterschreiben!

Deutscher? Unterschreiben!

Staatenlos? Unterschreiben!

An diesem Tag, während in Frankreich und in einem Teil der Welt ein industrielles, wissenschaftliches System zur Vernichtung eines ganzen Volkes geplant wird, ist am Quai Louis XVIII. in Bordeaux nichts Menschliches fremd.

Damit es schneller geht, wird wie am Fließband gearbeitet. Oft

geht Rabbi Krüger die Pässe holen. Auf der Treppe und auf der Straße bittet er seine Glaubensbrüder, ihm ihre Papiere anzuvertrauen. Sein Sohn, der damals dabei war, erzählt: »Er kam mit einer Hand voll Pässe an, aber das wirklich Ungewöhnliche dabei war, dass er, von seiner Aufgabe völlig in Anspruch genommen, ohne seine schwarze Weste, seinen Hut oder sogar ohne seine Kippa nach draußen ging, was ich bei ihm noch nie gesehen hatte.« Wenn die Pässe auf dem Schreibtisch liegen, unterschreibt Aristides und José Seabra setzt die notwendigen Stempel darunter. Der Generalsekretär des Konsulats arbeitet nicht ohne Sorge mit an dieser offensichtlichen, wissentlichen und wiederholten Verletzung der Vorschriften. Er ist hin und her gerissen zwischen seiner Ehrfurcht vor dem Befehl, seiner Angst einerseits und der echten Zuneigung für seinen Konsul und für diese Aufgabe andererseits, die dieser aus Großherzigkeit erfüllt, wie er weiß. Er versucht Sousa Mendes zu überzeugen:
»Aus Liebe zu Ihrer Frau und Ihren Kindern, hören Sie bitte damit auf, Sie sind dabei, Ihr Leben und das Ihrer Familie zu zerstören!«
Seine Bemühungen bleiben fruchtlos. Doch er ist bemüht, zumindest ein Minimum an Legalität an Bord dieses steuerlosen Schiffes aufrechtzuerhalten. Anfangs trägt er noch sorgfältig mit schöner, rundlicher Handschrift in ein großes Register alle Namen derjenigen ein, die ein Visum erhalten haben. Er versucht auch, wenigstens im Ansatz so etwas wie feste Öffnungszeiten einzuhalten. Aber er wird von Aristides freundschaftlich zurechtgewiesen, der den vom Generalsekretär abgewiesenen Antragstellern mit einem Augenzwinkern sagt: »Kommen Sie wieder, wenn der Diktator nicht da ist!«
Pedro Nuno billigt im Namen seines christlichen Glaubens die Aktion seines Vaters voll und ganz und unterstützt ihn nach Kräf-

ten, soweit ihm seine Examensvorbereitungen dafür Zeit lassen, doch die anderen Kinder sind weitaus skeptischer. José, der immer noch voller Trauer und Bitterkeit ist, flüchtet sich ins Klavierspiel. Seine ältere Schwester Isabel, die 1937 in Belgien Jules d'Aout geheiratet hat, einen Nachfahren von Napoleons Marschall Louis-Nicolas Davout, ist mit ihrem Mann eingetroffen.

Zwar wollen sie vor den Deutschen fliehen und sich in Portugal in Sicherheit bringen, doch auch sie verstehen Aristides' Handlungsweise nicht. Sie glauben, dass ihr Vater bzw. Schwiegervater ein zu hohes Risiko eingeht. Isabel insistiert: »Vater, Sie müssen aufhören, Sie dürfen ein solches Risiko nicht eingehen, Sie müssen an Ihre und unsere Zukunft denken!«

Sie können Aristides genauso wenig überzeugen wie José Seabra und werden von ihm mit herangezogen, um die Visumsanträge zu erledigen. Auch der Neffe César wird eingespannt.

Angelina ist so diskret und selbstlos wie immer, sie versucht, das Haus »am Laufen« zu halten. Ohne Hilfe von Hausdienern muss sie sich um all die Leute kümmern, hier einem Kind helfen, dort eine Mutter trösten oder einem Alten ein Glas Wasser bringen.

Das Wohnzimmer und das Esszimmer sind voller Flüchtlinge und die Familie nimmt ihre Mahlzeiten im Stehen in der Küche ein. Das Konsulat schließt nun gar nicht mehr. Pedro Nuno erinnert sich: »Eines Nachts fragte uns ein achtjähriges Mädchen, das ganz allein dageblieben war, was es denn tun müsse, um zu fliehen. Es sagte, dass seine Eltern unterwegs erschossen worden seien. Sie aß mit uns in der Küche. Sie zeigte uns einen Umschlag, der einen Diamanten enthielt, und wollte ihn uns geben. Mein Vater sagte zu ihr: ›Versteck ihn schnell in deiner Tasche!‹ Am nächsten Tag nahmen sich andere Flüchtlinge ihrer an und wir haben sie niemals wiedergesehen.«

Am 17. Juni verbreitet sich die Kunde wie ein Blitz unter den Flüchtlingen von Bordeaux: Der Konsul von Portugal gibt allen ein Visum!
Die Wohnung wird gestürmt.

In der Nacht hat der spanische Botschafter den Deutschen das Gesuch der Franzosen um einen Waffenstillstand übermittelt. Am Montagmittag spricht Pétain im Radio: »Um Frankreichs Unglück zu lindern, biete ich mich selbst als Opfergabe an. [...] Bedrückten Herzens sage ich euch heute, dass wir den Kampf einstellen müssen.« Ein Journalist von *La Petite Gironde* schreibt am nächsten Morgen: »Die letzten Worte verhallen. Die *Marseillaise* erfüllt den Saal. Die Mittagsgäste erheben sich. Dann folgt langes Schweigen. Die Frauen weinen. Die Männer beißen die Zähne zusammen.«
Zur selben Zeit wird der frühere Minister Georges Mandel, der als geistiger Erbe Clemenceaus gilt, wegen Mitwirkung an einer angeblichen Verschwörung verhaftet.[29]
Als er wenig später wieder freigelassen wird, führt man ihn vor Pétain, dem er, anstatt ihm zu danken, zuruft: »Ich bedaure Sie, ich bedaure Sie, ich will sagen, dass ich Mitleid für Sie empfinde und dass ich mein Land bedaure, dass es Sie zum Führer hat!«
Der Marschall schreibt ihm einen Entschuldigungsbrief, den man am 7. Juli 1944 in Georges Mandels Tasche finden wird, nachdem er von der Vichy-Miliz ermordet wurde.
Ein Ereignis bleibt an diesem Montag, dem 17. Juni, völlig unbeachtet: Vom Fluggelände in Mérignac startet General de Gaulle nach London und nimmt dabei, wie Churchill später schreiben wird, »Frankreichs Ehre mit sich«.

Die deutschen Truppen sind schon in Dijon. Während Sousa Mendes bei höllischer Hitze seine Arbeit fortsetzt, führt man in anderen Botschaften »ein Leben wie im Schloss«, wie Jean Chédaille ironisch feststellt. Die sowjetischen Diplomaten logieren im Château Ducru-Beaucaillou, die von Monaco im Château La Gaffelière. Die Schweizer sind auf Château Guiraud in der Sauterne-Region.

»Bordeaux ist eine wirklich trunkene Stadt«, lesen wir bei Jean Chédaille, »eine Menge drängt sich auf der Allée de Tourny, auf der Place de la Comédie, auf dem Cours du Chapeau-Rouge und in der Rue Esprit-des-Lois. Man fährt im Kreis herum. Man bleibt stecken und fährt wieder weiter. Unablässig kommen neue Autos an und mischen sich in dieses erstaunliche Karussell. [...] Man braucht mehr als eine Stunde, um von der Côte des Pavillons bis zur Steinbrücke zu gelangen. Der Bahnhof ist genauso verstopft. Die Eisenbahner vollbringen Wunder. Die dreißig mobilen Einsatzkräfte am Bahnhof Saint-Jean drehen fast durch. Bordeaux ist die Hauptstadt des Chaos geworden.«

Als Pedro Nuno am Nachmittag von der Universität nach Hause kommt, kann er kaum das Haus betreten, so dicht ist die Menschenmenge vor der Nummer 14 am Quai Louis XVIII. Er setzt seine Ellenbogen ein, versucht zu erklären: »Lassen Sie mich rein, ich wohne hier, ich bin der Sohn des Konsuls.« Als er endlich die erste Etage erreicht hat, sieht er seinen Vater, der immerzu Visa unterschreibt und dabei von José Seabra, Rabbi Krüger, Isabel und Jules unterstützt wird. Auch er macht sich gleich ans Werk.

Aristides ist erschöpft. Diese Müdigkeit und dieser Wille, so schnell wie möglich zu sein, um möglichst viele Menschen zu retten, zwingen ihn dazu, seine Unterschrift abzukürzen. Jetzt

Das Rathaus von Bordeaux.
Aufnahme aus dem Jahr 2005.

ist keine Zeit mehr für die schönen Schnörkel von »Aristides de Sousa Mendes«! Stattdessen unterzeichnet er schlicht mit »Mendes«.

Und der Nächste!

Der Nächste ist vielleicht ein Jude aus Lilie, ein Staatenloser aus Riga, ein Diamantenhändler aus Antwerpen, ein Pensionär aus Juvisy, ein Bürgerlicher aus Prag, alle vereint durch den gleichen Willen, das gleiche Ziel, die gleiche Angst: die größtmögliche Distanz zwischen sich und die Barbarei zu bringen, deren Schatten sich über Europa legt.

Später wird Aristides de Sousa Mendes seine Tat erklären. In einem Brief an seine Regierung schreibt er, dass es wirklich sein Ziel gewesen sei, all diese Leute zu retten. »Ihr Leid war unbeschreiblich, manche hatten ihre Frauen verloren, andere waren ohne Nachricht von ihren Kindern, einige hatten ihre Liebsten unter den deutschen Bomben sterben sehen«, schreibt er.

»Und dann war da noch etwas, was man nicht ignorieren konnte«, fährt Aristides de Sousa Mendes fort, »das Schicksal, das so vielen Leuten bevorstand, falls sie dem Feind in die Hände fielen.«

Feind, jawohl, er sprach vom Feind. Während seine Regierung in Lissabon von Neutralität spricht, zeigt Aristides de Sousa Mendes, dass er sein Lager gewählt hat. Er erklärt, dass es unter den Flüchtlingen Offiziere aus den besetzten Ländern gab, aus Österreich, Polen oder der Tschechoslowakei, die man als Rebellen erschossen hätte, wären sie den Deutschen in die Hände gefallen.

Sousa Mendes gesteht weiter, dass er, da er selbst an der Spitze einer vielköpfigen Familie steht, von der Trennung der Familien »schrecklich mitgenommen« gewesen sei. »Meine Haltung«, sagt er abschließend, »war allein durch jene Gefühle des Altruismus und der Großzügigkeit bestimmt, von denen die Portugiesen in den acht Jahrhunderten ihrer Geschichte oft so beredtes Beispiel gegeben haben.«

Er weiß, dass er gegen das Gesetz verstößt.

Wie zum Beispiel auch Saint-Héran, einer der Kommandanten der Provinzen, denen Karl IX. Maximilian den Befehl erteilt hat, in der Bartholomäusnacht alle Protestanten umzubringen, und der ihm antwortete:

»Sire, ich habe einen Befehl mit dem Siegel Ihrer Majestät erhalten, alle Protestanten umzubringen, die sich in meiner Provinz befinden. Ich respektiere Ihre Majestät zu sehr, um zu glauben, dass diese Briefe nicht gefälscht sind; und wenn, was Gott verhüten möge, der Befehl doch von Ihnen stammt, so respektiere ich Sie immer noch zu sehr, um ihn zu befolgen.«

Diese großartige Antwort, die der Anwalt Arno Klarsfeld im Prozess gegen Maurice Papon zitierte, hätte Sousa Mendes auch gegenüber Salazar geben können. Ich respektiere Eure Exzellenz zu sehr, um die Anweisungen des Rundschreibens Nr. 14 in die Tat umzusetzen …

Viele Persönlichkeiten haben dank Sousa Mendes ein Visum erhalten. César berichtet, dass ein französischer Botschafter sich »ihm zu Füßen warf und meinen Onkel anflehte, für sich selbst und seine Familie Visa auszustellen, wobei er daran erinnerte, dass er mehrere Töchter habe. Es war gerade Mittag und mein Onkel, meine Tante und ich waren dabei, in der Küche zu essen, als der Botschafter eintraf. […] Mein Onkel, der immer so rücksichtsvoll gegenüber allen Leuten war, unterbrach daraufhin seine Mahlzeit, den einzigen Augenblick, in dem er hoffen konnte, mit seiner Familie allein zu sein.«

Noch eine Familie wird von der besonderen Hilfe Sousa Mendes' profitieren. Es geht um Albert de Vleeschauwer.[30] Der flämische Politiker und der portugiesische Diplomat haben einander sehr schnell gut verstanden. Beide haben in Löwen gelebt, auch wenn sie sich dort nicht begegnet sind. De Vleeschauwer war dort Professor. Beide sind zutiefst katholisch und zudem überzeugte Monarchisten.

In diesem Fall wird Jules d'Aout, Aristides' Schwiegersohn, als Vermittler dienen. Jules, seine Frau Isabel und ihr zweijähriger Sohn Manuel sind mit zwei Freunden in Bordeaux angekommen. Alle drei Männer haben die Kolonialschule besucht, denn sie wollten Gouverneure in Belgisch-Kongo oder in Ruanda-Burundi werden. Sie hatten vor, gleich zu Beginn des Krieges in die Kolonien aufzubrechen. De Vleeschauwer, der Kolonial-minister, rät ihnen, über Lissabon zu reisen und sich dort nach Kongo einzuschiffen.

Als Albert de Vleeschauwer in Bordeaux eintrifft, wird er ernannt – beziehungsweise ernennt sich selbst von einer sich auf-lösenden belgischen Regierung – zum »Generalverwalter des Kongo« mit allen Vollmachten. Das ist in der Geschichte des Königreichs das erste Mal, dass ein einzelner Minister die gesamte Verantwortung erhält.

Aristides de Sousa Mendes begreift die politische Bedeutung der Ernennung seines neuen Freundes, der verhindern kann, dass die belgischen Kolonien an die Deutschen fallen. Aus Freundschaft, aus Großzügigkeit, vielleicht auch aus politischer Intuition wird er vorschlagen, die ganze Familie de Vleeschauwer in Cabanas unterzubringen, wo Letzterer den Kopf freier hat, um sich auf seine Aufgabe vorzubereiten.

Am 17. Juni ist es bereits nach 22 Uhr, als sich Aristides de Sousa Mendes erschöpft schlafen legt. Als am 18. Juni die Sonne über dem Quai Louis XVIII. aufgeht, begeben sich Aristides und seine nun gut eingespielte Mannschaft wieder an die Arbeit. José Seabra, der trotz allem bemüht ist, einen Schein von Legalität zu wahren, hat inzwischen darauf verzichtet, in das große Register des Konsulats die Namen all derjenigen einzutragen, die Visa erhalten haben.

»Die Visa wurden außerhalb der Dienststunden erteilt«, schreibt er ins Register, wie um sich zu rechtfertigen. Schon am Vorabend hatte er beschlossen, von den Flüchtlingen keine Gebühren mehr für den Visumseintrag zu erheben. Im Krieg ist eben alles anders!

Der Nächste!

Genau wie an den beiden vorangegangenen Tagen ist die Menschenmenge sehr groß und multinational. Vielleicht ist sie noch angespannter, nervöser, da die Deutschen immer näher rücken und die französische Regierung sich zur Kollaboration bereit zeigt. Es gilt nun, keine Zeit mehr zu verlieren.

Es ist sehr aufschlussreich, heute im Konsulatsregister die Liste der Personen zu lesen, die ein Visum erhalten haben. An jenem 18. Juni etwa stehen dort Namen wie Langevin, Vermeersch, Block, Kauffmann, Frisch, Levy, García, Smith und Pearce. Unter der Nummer 1436 findet sich ein gewisser Robert Montgomery.[31] Ja, auch der berühmte Hollywoodschauspieler ist Sousa Mendes zu Dank verpflichtet. Ebenso Edouard, Henri und Robert de Rothschild, die ihre Visa am Quai Louis XVIII. erhalten. Der Nächste!

Selbst der Nachfahre einer der berühmtesten Familien Europas, Otto von Habsburg, schickt seinen persönlichen Sekretär, den Grafen Degenfeld, zum Konsulat, um Visa zu besorgen.

Trotz seiner sechsundachtzig Jahre noch gut in Form, empfängt er uns hinter seinem Schreibtisch im Europaparlament in Straßburg. Als einer seiner Mitarbeiter ihm einmal von einem Fußballspiel Österreich – Ungarn erzählte, soll er, nicht ohne Humor, geantwortet haben: »Und gegen wen spielen wir?« Heute erzählt er uns von den tragischen Ereignissen im Juni 1940.

Zunächst muss man wissen, dass der Österreicher Adolf Hitler die Habsburger verachtete und in *Mein Kampf* über sie hergezogen hatte, da ihre bloße Existenz seinem Traum im Weg stand: dem Anschluss, der nun triste Realität geworden war. Der Diktator verzieh dem jungen Otto von Habsburg – der übrigens auch in Löwen studiert hatte – nie, dass er wiederholt eine Begegnung mit ihm ablehnte.

1.408	Visto em passaporte de	Jacqueline Combrescot
1.409	— d.º —	de Joseph Combrescot
1.410	— d.º —	de Ellen Jenssen
1.411	— d.º —	Russell Reed Brumm
1.412	Visto em declaração de carga	
1.413	— d.º —	— d.º —
1.414	— d.º —	— d.º —
1.415	— d.º —	— d.º —
1.416	— d.º —	— d.º —
1.417	— d.º —	
1.418	— d.º em passaporte	de Madeleine Steen
1.419	d.º — d.º —	Emilie Steen
1.420	Certificado de ins.	Felix Alberto Rodrigues
1.421	Passaporte	— d.º —

1.422	Visto em passaporte	Marco Marcus
1.423	— d.º —	Pearce Mc Daniel
1.424	— d.º —	Antoni Slonimski
1.425	— d.º —	Janina Slonimska
1.426	— d.º —	Eruwim Slonimska
1.427	— d.º —	Eruwim Julian
1.428	— d.º —	Viktor Fischer
1.429	— d.º —	Alice Fischer
1.430	— d.º —	Malvina Frank
1.431	— d.º —	Adelaide Walsterholm
1.432	— d.º —	Louise Gabriel
1.433	— d.º —	Barbara de Garcia
1.434	— d.º —	Dan Carlos de Garcia
1.435	— d.º —	Ethel May Smith
1436	"	Robert Montgomery
1437	"	Bruno Divinzio
1438	"	Lilly Natatton
1439	"	Mester owva Camille
1440	"	Mester Leo
1441	"	Mester Julius
1442	"	Blitz Edward
1443	"	Blitz Marie Yvonne

Liste der ausgestellten Visa vom 3. und 4. Juni 1940.

Otto von Habsburg flüchtete nach Paris, wo er nicht nur einen Kreuzzug gegen die Nazis führte, sondern auch seinen Einfluss geltend machte, um seinen geflohenen Landsleuten zu helfen. »Mehrere tausend Österreicher, darunter zahllose Juden (zwischen März 1938 und Mai 1939 verließen etwa 100.000 Juden Österreich), ließen sich in Frankreich nieder«, schreibt Jean Sévillia in seiner Biografie der Kaiserin Zita, Otto von Habsburgs Mutter.[32]

»Ich habe sehr lange mit Daladier verhandelt«, erzählt uns heute Otto von Habsburg, »für den Fall, dass ein Krieg ausbricht, wollte ich die Schaffung von Rückzugszonen für die Flüchtlinge. Geholfen hat mir vor allem Georges Mandel, ein wirklicher Gentleman. Als die Front eingebrochen ist«, fährt er fort, »waren wir sehr überrascht. Einen solchen Zusammenbruch Frankreichs hätten wir nie für möglich gehalten. Einige Tage vor dem Einmarsch der Deutschen in Paris aß ich mit einem amerikanischen Diplomaten im Ritz. Wir saßen als Einzige im Innenhof und konnten sehen, wie der Himmel von den Kämpfen in der Nähe der Hauptstadt erleuchtet wurde.« Jean Sévillia schreibt, dass sich im Goldenen Buch des Hotel Ritz gleich nach dem Eintrag Otto von Habsburgs die Unterschrift von Rommel findet.

Otto von Habsburg, seine Mutter, die Kaiserin Zita, sowie seine Großmutter, die Herzogin von Parma, flüchteten zunächst nach Moulins, auf das Schloss ihres Cousins Xavier de Bourbon. Dort erhält Otto einen Anruf von Mandel: »Wir brechen nach Marokko auf und wollen von dort aus Widerstand leisten!« Dann treffen sie in der Dordogne, auf einem Schloss von Lamonzie-Montastruc, die Familie der Großherzogin von Luxemburg, die nicht mit den Deutschen kollaborieren will und später ebenfalls ein Visum am Quai Louis XVIII. erhalten wird.

Otto von Habsburg, sein Bruder Karl sowie Heinrich Graf Degenfeld begeben sich sogleich nach Bordeaux, um dort einige einflussreiche Leute zu treffen. In einem Brief an Joan, João Paolos Gattin, berichtet Graf Degenfeld, nachdem er im Namen Otto von Habsburgs nachdrücklich seine Verehrung für Sousa Mendes zum Ausdruck gebracht hat, ausführlich über jene Tage.

»Wir hatten sehr schnell und klar verstanden«, schreibt Degenfeld, »dass die französische Regierung um einen Waffenstillstand ersuchen würde und dass in diesem Fall die kaiserliche Familie in Gefahr wäre, sollte sie den Deutschen in die Hände fallen und nicht vorher fliehen können.«

Am Montag, dem 17. Juni, begibt sich Degenfeld zum portugiesischen Konsulat, vor dem sich »eine unüberschaubare Menschenmenge« drängt. Er wird zu Sousa Mendes gebracht, der ihn bittet, so schnell wie möglich mit allen Pässen der kaiserlichen Familie wiederzukommen. »Um zehn Uhr abends kam ich wieder«, fährt Degenfeld in seinem Brief an Joan fort, »und Ihr Vater nahm, obwohl er sehr müde war von der Arbeit, die er seit mehreren Tagen leistete, persönlich die neunzehn Pässe der kaiserlichen Familie an sich und unterschrieb sie alle.«

»In diesen wenigen Minuten«, schreibt Degenfeld, »habe ich die edlen Gefühle Ihres Vaters schätzen gelernt, der entschlossen war, möglichst vielen Flüchtlingen zu helfen, der deutschen Gefahr zu entgehen.« Degenfeld, der präzisiert, dass sich unter diesen Flüchtlingen sehr viele Österreicher befanden, Juden wie Nichtjuden, die vor den Nazis geflohen waren, fragt Sousa Mendes anschließend, ob er auch für eine gewisse Anzahl österreichischer Staatsbürger, die sich seit zwei Jahren in Frankreich befänden, Visa ausstellen könne. Sousa Mendes sagt ja, und so erhält die Mannschaft am Quai Louis XVIII. weitere hundert Pässe zum Unterschreiben.

Otto von Habsburg und seine Familie brechen nach Portugal auf. Die Deutschen haben Salazar um deren Auslieferung ersucht. Dieser gibt Otto zu verstehen, dass er dieser Aufforderung nicht nachkommen wird, bittet ihn aber, Lissabon so schnell wie möglich zu verlassen. Die kaiserliche Familie nimmt daraufhin ein Flugzeug in die Vereinigten Staaten. Dort verhandelt Otto erneut, um Visa für seine Landsleute zu erhalten. Er ist furchtbar enttäuscht von der Antwort eines hohen Diplomaten in Washington.

»Es gibt hier schon genug Juden, Hitler soll die anderen nur behalten!«

Überrascht ist er hingegen von der Reaktion einiger Diktatoren in Zentralamerika, etwa Rafael Trujillo Molina, General der Dominikanischen Republik, die ihm 3.000 Visa zusagen.

Auch wenn Otto von Habsburg Aristides de Sousa Mendes niemals getroffen hat, so bewahrt er sein Handeln doch im Gedächtnis. Auf die Frage eines Journalisten, der einmal beiläufig bemerkte, dass er ja schließlich auch mehreren tausend Menschen das Leben gerettet habe, gibt er diese kaiserliche Antwort: »Ich habe ja nur meine Pflicht getan, wohingegen de Sousa Mendes eine wunderbare Tat vollbracht hat.«

Zurück nach Bordeaux. Am Dienstagabend vernehmen einige Menschen über Radio London eine sonderbare Stimme, die ihnen sagt, dass Frankreich eine Schlacht verloren habe, aber noch nicht den Krieg. De Gaulle wird erster Widerstandskämpfer Frankreichs und ruft das Land dazu auf, nicht aufzugeben:

»Frankreich ist nicht allein! Was auch immer geschieht, die Flamme des französischen Widerstands darf nicht erlöschen und sie wird nicht erlöschen.«

Die Reaktion der Behörden lässt nicht auf sich warten. General

Colson, der Kriegsminister, ruft de Gaulle zurück, als wäre der nur ein Soldat ohne Urlaubsschein!

Am Mittwoch, dem 19. Juni, scheint der Flüchtlingsstrom etwas abzuebben. Aristides de Sousa Mendes stellt dennoch weiterhin Visa aus. Für kurze Zeit nimmt er sich frei und trifft sich mit dem amerikanischen Schriftsteller Eugène Bagger im Café Splendid. Am Abend hält de Gaulle eine zweite Rede, die viel härter ist als die am Tag zuvor, vor allem gegenüber der französischen Regierung. Der Aufruf zum Widerstand ist jetzt noch klarer. In Bordeaux befinden sich noch immer britische Diplomaten, die der Regierung das Versprechen abringen wollen, die französische Flotte nicht in die Hände der Deutschen fallen zu lassen.

»Das Wetter ist unverändert schön«, schreibt Jean Chédaille, »die politische Lage aber ist es keineswegs. Die Berichterstatter vermerken, dass seit dem Morgen auf der Place Pierre-Lafitte (der platz, der später nach dem Widerstandskämpfer Jean Moulin benannt wird) die Leute von Bordeaux Schlange stehen, und zwar vor dem Gebäude der Sparkasse (das heute ein Jean-Moulin-Museum beherbergt). Da die Spareinlagen nicht mehr sicher sind, hebt man sein Geld ab und kommentiert die Ereignisse. [...] Immer noch ist es überall voll. [...] Immer noch gibt es so viele Autos von außerhalb, die wild durcheinander parken, manchmal wie aufgegeben scheinen. [...] Der normale Verwaltungsbetrieb geht seinen gewöhnlichen Gang. Im Gerichtsgebäude werden Urteile gesprochen, in der Universität werden Examen abgelegt; in den Kinos läuft *Schneewittchen und die sieben Zwerge.*«

An diesem 19. Juni überqueren etwas weiter südlich mehrere seltsame Konvois die Brücke zwischen Hendaye und Irun, die die Grenze zwischen Frankreich und Spanien darstellt. Die Kaiserin Zita, Otto von Habsburg und gleich hinter ihnen die Familie de Vleeschauwer.

Elsa van Overstraeten, die Tochter Albert de Vleeschauwers, erzählt: »Ich war zwölf Jahre alt. Es war der traurigste Tag in meinem Leben. Mein Vater, der zuerst nach London geflogen war, hatte sich von uns mit den Worten verabschiedet: ›Der Krieg wird sehr lange dauern, aber wir werden ihn gewinnen!‹ Ich wusste nicht, wann ich ihn wiedersehen würde – Sie können sich meine Verzweiflung vorstellen.«

Drei Familien mit insgesamt zweiundzwanzig Kindern reisen auf diese Weise nach Lissabon – in zwei Lastwagen und drei Personenwagen. Der ehemalige Minister und neu ernannte Generalverwalter des Kongo wollte der Familie des Gründers der christlich-sozialen Partei Flanderns, de Schrijver, helfen, ebenso wie dessen altem Freund, dem Reservehauptmann Alfred Raport, dem »Onkel Alfred«.

In dem Konvoi befinden sich auch Isabel, Jules d'Aout und ihr erstes Kind Manuel. Ludo de Vleeschauwer, einer der Söhne Albert de Vleeschauwers, erzählt: »Wir hatten auch eine Freundin der Familie mitgenommen, Fräulein Rosa Delerue, die erste flämische Studentin an der Universität Löwen, sowie einen ihrer Freunde, den Dominikanermönch Edouard van Roy, der in Rom Theologie unterrichtete, radikal gegen den Rassismus Stellung bezogen hatte und nun nicht wusste, wohin.« Die Reise dauerte mehrere Tage.

Aristides ist mit Angelina in Bordeaux geblieben, dazu seine beiden Söhne Pedro Nuno und José sowie sein Neffe César. In dieser Nacht bombardiert die Luftwaffe Bordeaux. Die Folgen sind schwer: mehr als achtzig Tote, einige hundert Verletzte und erhebliche materielle Schäden.

Mitten im Bombardement kommt eine sonderbare Gestalt ins Haus: Charles Oulmont,[33] Schriftsteller und Professor an der

Sorbonne. »Er richtete sich im Haus meines Onkels ein«, erzählt César, »er aß mit uns in der Küche und schlief in einem unserer Zimmer. Seit er angekommen war, hatte dieser Herr seinen Pyjama nicht mehr ausgezogen. Er lebte in tödlicher Angst davor, den Nazis in die Hände zu fallen, aber seine Angst war berechtigt, denn er hatte gegen das Hitlerregime geschrieben. Sein Vermögen war immens und bestand aus vier Kartoffelsäcken voll reinem Gold. Um meinen Onkel zu überreden, ihm ein Visum auszustellen, versprach er ihm die Hälfte seines Vermögens. Mein Onkel lehnte sein Angebot ab, stellte ihm aber ein Visum aus.«

Eines mehr.

Und es war noch längst nicht zu Ende.

»Ich werde euch alle retten!«

Aristides de Sousa Mendes wird noch lange nicht aufhören. Die meisten Diplomaten, die portugiesischen wie die anderen, haben von Anfang an die Instruktionen ihrer jeweiligen Regierungen befolgt, die in dieser Situation Visa nur tröpfchenweise erteilen und in Ruhe das Ende des Krieges abwarten wollen.

Nur eine Minderheit von ihnen hat sich, aus humanitären oder politischen Gründen, etwas großzügiger gezeigt und einer gewissen Anzahl von »Staatenlosen« geholfen, Frankreich zu verlassen.

Einige Dutzend haben mehr nach ihrem Gewissen als mit Rücksicht auf ihre Karriere gehandelt und denen geholfen, denen sie helfen konnten.

Eine kleine Handvoll Verrückter ist noch weiter gegangen und hat mit Bedacht das Gesetz übertreten, um Tausende von Menschen davor zu bewahren, in den Tod zu gehen.

So wie der Bekannteste unter ihnen, der Schwede Raoul Wallenberg, der mehr als 30.000 Diplomatenpässe für ungarische Juden ausstellte und damit ihre Deportation nach Auschwitz verhinderte. Oder der amerikanische Diplomat Hiram Bingham, der, seit 1940 in Marseille im Amt, entgegen den Richtlinien seiner Regierung, Visa für mehr als 2.500 Juden ausstellte. Darunter waren zahlreiche Intellektuelle, Künstler, Schriftsteller und Wissenschaftler wie Marc Chagall, Max Ernst, André Breton und Heinrich Mann.

Oder Georg Duckwitz, Handelsattaché der deutschen Botschaft in Kopenhagen, Mitglied der NSDAP, der unter Lebensgefahr die Dänen von Hitlers Absicht unterrichtete, die dänischen Juden zu deportieren, und so eine große Evakuierung nach Schweden ermöglichte. Oder Feng Shan Ho, der chinesische Generalkonsul in Wien, der ohne jede Erlaubnis ebenfalls Tausende Visa für österreichische Juden ausstellte und ihnen so ermöglichte, nach Schanghai zu flüchten.

Carl Lutz, Schweizer Konsul in Budapest, erlaubte etwa 10.000 jüdischen Kindern, nach Palästina aufzubrechen, und später, in Zusammenarbeit mit Wallenberg, rettete er noch einmal Zehntausende. Chiune Sugihara, japanischer Konsul in Litauen, rettete 10.000 polnische Juden. Und schließlich Jan Zwartendijk, niederländischer Konsul in Litauen, der an etwa 2.000 Personen Visa für Surinam ausgab.

Aristides de Sousa Mendes gehört zu dieser Bruderschaft heldenhafter Diplomaten, die ganz allein das Leben von mehr als 200.000 Menschen gerettet haben.

Am Morgen des 20. Juni ist die Wohnung am Quai Louis XVIII. etwas ruhiger als in den turbulenten drei Tagen zuvor. Aus gutem Grund: Mit ihren Visa versehen, haben Tausende Flüchtlinge Bordeaux verlassen können. In die Wohnung ist auch ein gewisser Frieden wieder eingekehrt. Auch Isabel und Jules d'Aout sind mit Manuel fort. Pedro Nuno und José haben sich ebenfalls auf den Weg nach Portugal gemacht. Professor Oulmont hingegen ist immer noch da und verängstigter als je zuvor.

Wird der Konsul von Bordeaux mit der Befriedigung, seine Pflicht getan und seinem Gewissen gehorcht zu haben, sich nun endlich ausruhen?

Das hieße jedoch, sein Versprechen zu vergessen: »Ich werde euch alle retten!«

Es gibt noch genug zu tun.

Wenn auch in Bordeaux das Wesentliche getan ist, so braucht man ihn doch weiter im Süden. Auch in Toulouse, Bayonne, Hendaye warten Tausende Flüchtlinge darauf, Frankreich verlassen zu können. Sie sind zunehmend eingeschüchtert und verängstigt. Der Schatten der Fahne mit dem Hakenkreuz liegt nun praktisch über ganz Frankreich.

Aristides de Sousa Mendes hat bereits den Vize-Honorarkonsul Portugals in Toulouse, den Franzosen Émile Gissot, ermächtigt, selbst Visa auszustellen, was eigentlich nicht zu seinen Funktionen gehört.

In dessen rosafarbener Villa warten in der Tat Tausende Flüchtlinge darauf, Frankreich verlassen zu können.

Der Druck nimmt noch mehr zu, als bekannt wird, dass, ebenfalls am 20. Juni, in Bordeaux das Schiff *Massilia* mit siebenundzwanzig Abgeordneten an Bord nach Marokko aufgebrochen ist. Unter ihnen befinden sich Georges Mandel, Édouard Daladier, André Le Troquer und, welch glorreiches Homonym, Pierre Mendès-France, der spätere Ministerpräsident.

Am 20. Juni 1940 beschwert sich die Botschaft des Vereinigten Königreichs in einem seltsamen Brief an das portugiesische Außenministerium in Lissabon über Sousa Mendes' Tätigkeit und beschuldigt ihn, außerhalb der normalen Stunden zu arbeiten und zusätzliche Gebühren für die Erteilung der Visa zu verlangen. Ein scheinbar unbedeutender Brief, der aber schwerwiegende Konsequenzen haben wird.

Für den Augenblick ist Aristides unterwegs nach Bayonne, zusammen mit Professor Oulmont.

Er muss sich beeilen.

Zunächst, weil die Deutschen kommen und Tausende wartender Flüchtlinge gerettet werden müssen. Dann, weil er spürt, dass die portugiesischen Behörden ihm nicht mehr lange Gelegenheit zum Ungehorsam geben werden.

An diesem 20. Juni verlangt Salazar unter Hinweis auf die Beschwerde der britischen Botschaft, dass Maßnahmen gegen Aristides de Sousa Mendes ergriffen werden. Vor allem, weil im Außenministerium allmählich die »Regelwidrigkeiten« bemerkt werden, die der Konsul in Bordeaux schon vor der Kriegserklärung begangen hat. Ein Gesandter der portugiesischen Botschaft in Paris, die sich ebenfalls auf ein Schloss bei Bordeaux gerettet hat – Lamarselle in Saint-Émilion –, wird beauftragt herauszufinden, was sich am Quai Louis XVIII. abspielt.

Nun beginnt ein unglaublicher und tragischer Wettlauf zwischen Sousa Mendes, den Machthabern in Lissabon und den deutschen Truppen. Während die Spanier ihre Grenzen dichtmachen und keine Visa mehr erteilen, während sich die Franzosen allmählich auf die Kollaboration einstellen und ihre Polizei bald an der großen Hetzjagd teilnehmen wird, haben Tausende noch die Hoffnung, ein Visum zu erhalten, das ihnen erlaubt, über Spanien nach Lissabon zu gelangen.

Deshalb kampieren sie noch immer in großen Scharen vor den portugiesischen Konsulaten in Toulouse, Hendaye und Bayonne. Was sie aber nicht wissen, ist, dass die große Mehrheit von ihnen wegen des Rundschreibens Nr. 14 gar keine Chance hat, dieses Visum zu erhalten.

Die Falle schnappt zu.

Von den unzähligen Personen, die damals ein Visum von Aristides de Sousa Mendes erhalten haben, haben sich einige mehr als fünfzig Jahre später noch gemeldet, um seiner zu gedenken.

Alix Deguise war im Juni 1940 fünfzehn Jahre alt. Ihre Mutter, Helena Hamburger, niederländischer Herkunft, lebte in Monaco. Als Italien in den Krieg eintrat, beschloss sie, mit ihren Eltern und ihren beiden Kindern, der kleinen Alix und ihrem Bruder, in die Vereinigten Staaten zu gehen. In Biarritz angekommen, treffen sie auf eine Gruppe von Leuten, darunter viele Niederländer, die auch fortwollen. Alix erinnert sich noch an einen Kubaner, der ganz verzweifelt war – weil er keine Zigarren mehr bekommen konnte. Der Gruppe gelingt es, sich ein Schiff zu besorgen, einen schlichten Sardinenkutter mit Motor und Segel, mit dem sie bis nach Spanien fahren will. Aber das spanische Konsulat weigert sich, ihnen Visa auszustellen. Mehr als vierzig sind es, die da warten.

Ein Mann, der sich zu ihrem Anführer ernannt hat, hört von der Aktion Sousa Mendes' und saust mit allen Pässen nach Bayonne. Triumphierend kehrt er zurück: »Ich habe alle Visa!« Die kleine Gesellschaft geht an Bord und macht eine Reise, die acht Tage dauert und sie nach Porto führt – nach einem Zwischenstopp in Santander, wo der Konsul der Niederlande damit droht, alle verhaften zu lassen, wenn sie den Fuß an Land setzen. In Porto werden sie in ein anderes Schiff steigen, das unter griechischer Flagge fährt und das sie über den Atlantik mitnimmt. An Bord sind auch der österreichische Schriftsteller Franz Werfel, seine Frau Alma Mahler-Werfel und Heinrich Mann.

»Wie gern hätte ich Aristides de Sousa Mendes kennengelernt«, sagt Alix Deguise heute. Sie weiß, dass sie ihm wohl ihr Leben verdankt. Der Teil ihrer Familie, der zurückblieb, wurde deportiert, wie etwa ihre Großmutter, die in einem Todeslager ermordet wurde, oder der Bruder ihres Vaters und ihr Großonkel.

Manuel Dias, ein Portugiese aus Bordeaux, der sich für die Geschichte von Aristides de Sousa Mendes begeistert, hat sich 1990 in Bayonne mit Viera Braga getroffen, der 1940 portugiesischer Vize-Honorarkonsul in Bayonne war. Viera Braga hat sehr lange mit ihm gesprochen. Sein Zeugnis ist aufregend.

Hier das Wesentliche: »Als Aristides de Sousa Mendes in Bayonne ankam, hatte Salazar schon befohlen, ihn zu verhaften, und ich wusste es. Er schien ebenfalls Bescheid zu wissen, wenn auch nicht über die Verhaftung, so doch darüber, dass in Lissabon starker Druck auf ihn ausgeübt wurde. Er kam mir zugleich erregt und bedacht vor. Genau wie de Gaulle glaubte er, dass Deutschland auf lange Sicht den Krieg verlieren würde. Er glaubte auch, dass das portugiesische Volk Salazar noch nicht so stark unterworfen und dessen Macht noch nicht so groß sei, wie es schien. Auf jeden Fall vermittelte er den Eindruck, mit Klarsicht und Entschlossenheit zu handeln.«

Klarsicht und Entschlossenheit: Diese Begriffe unterscheiden sich sehr von denen, die später andere »Zeugen« gebrauchen werden – die Abgesandten von Salazar, die von Sousa Mendes das Bild eines überdrehten Menschen, ja fast eines Verrückten zeichnen.

Die Situation, die Aristides de Sousa Mendes in Bayonne vorfindet, ist katastrophal. Das Konsulat liegt in der dritten Etage eines kleinen, engen Hauses in der Rue du Pilori Nummer 8 und hinauf gelangt man nur über eine Holztreppe im Innern, die schon in normalen Zeiten schwer zu besteigen ist.

Madame Chatillon Diharce, eine Anwohnerin, die von einem portugiesischen Fernsehteam unter Leitung von Diana Andringa im Rahmen ihrer Reportage *Der geächtete Konsul* befragt wird, bezeugt:

»Es waren so viele Leute da, die sowohl im Haus wie davor warteten, dass wir Angst hatten, die Treppe könnte zusammen-

brechen. Die Polizei versuchte, etwas Ordnung zu schaffen. Eines Tages musste der Vizekonsul durch unsere Wohnung gehen, weil er nicht über die Treppe nach oben konnte, so voll war es.«
In derselben Sendung beschreibt Henri Zvi Deutsch, der damals ein Kind war, seine starken Gefühle, als er wieder an diesen Ort zurückkam:
»Wenn ich heute diese Treppe wieder hinaufsteige, die mein Vater und die anderen Flüchtlinge damals hinaufgestiegen sind, wenn ich an die Masse der Leute denke, die damals dort waren, und wenn ich heute sehe, dass diese Treppe gerade breit genug ist, dass zwei Personen nebeneinander stehen können, dann begreife ich besser, wie viel Zeit sie hier wohl verbracht haben. Ich kann mir die Hoffnung derjenigen vorstellen, die hinaufgingen, und die Freude derjenigen, die herunterkamen.«[34]
»Mein Onkel, der für die ganze Familie Visa holen gegangen war, wurde von der Menge so sehr geschubst, dass er dabei seine Hose verlor«, erzählt Thérèse Torres-Levin, die damals achtzehn Jahre alt war und Tereska Szwarc hieß. Auch sie weiß, dass sie ihr Leben Aristides de Sousa Mendes verdankt.
»Ich lebte mit meiner Mutter und meinen Großeltern in Paris. Mein polnischer Vater hatte sich nach London eingeschifft. Einer meiner Cousins aus Polen war nach Paris gekommen und hatte uns erzählt, was in dem von den Nazis besetzten Land passierte, vor allem mit den Juden. Er hat uns ermahnt: ›Haut schnell ab!‹
Also brachen wir nach Saint-Jean-de-Luz auf«, fährt sie fort, »ich habe sogar mein Abitur in Bayonne machen können. Die Deutschen sind einmarschiert und es war nicht leicht, Frankreich zu verlassen. Zum Glück ist einer meiner Onkel nach Bayonne gefahren und mit den berühmten Visa zurückgekommen – und mit zerrissenen Hosen. Als wir in Irun die spanische

Grenze überschritten, waren die Deutschen schon nahe und der französische Zöllner munterte uns auf: ›Die Scheißkerle werden nicht lange bleiben!‹«

Die Deutschen bleiben ganze vier Jahre in Frankreich, aber Thérèse Torres-Levin hält es nicht lange in Lissabon. Im Oktober 1940 schließt sie sich den gaullistischen Kreisen in London an.

Faria Machado, der portugiesische Konsul in Bayonne, ist alles andere als ein professioneller Diplomat. Seit Beginn der Fluchtwelle wird er mit Visaanträgen bestürmt. Da er die in Lissabon verordneten Regeln strikt einhalten will, ist er vollkommen hilflos und schickt unablässig Telegramme mit der Bitte um Instruktionen an sein Ministerium.

Ihm zur Seite steht Viera Braga. Er ist klein, elegant, sehr konservativ und hat offensichtlich eine stärkere Persönlichkeit als sein Chef. Aristides de Sousa Mendes ist überrascht, im Konsulat auch Francisco de Calheiros e Meneses anzutreffen. Dieser ältere und sehr angesehene Diplomat, zuvor portugiesischer Botschafter in Brüssel, kam aus Bordeaux, wohin er zuvor geflüchtet war.

Als Aristides de Sousa Mendes in der Rue du Pilori ankommt, bahnt er sich mühsam einen Weg durch die Menge der Flüchtlinge. Er steigt die Holztreppe hinauf. Laut Sebastião, und das wird später auch von Viera Braga bezeugt, entspinnt sich folgender Dialog:

Sousa Mendes: »Warum helfen Sie diesen armen Flüchtlingen nicht?«

Viera Braga: »Weil unsere Regierung, wie Sie ja wohl auch wissen werden, es kategorisch ablehnt, jedem Beliebigen ein Visum auszustellen. Ich bin hier, um die Anordnungen meiner Vorgesetzten zu befolgen.«

Sousa Mendes: »Möchten Sie sich mit Ihrer Frau und Ihren Kindern in der gleichen Lage wiederfinden?«

Viera Braga: ...

Sousa Mendes: »Sie sagen, dass Sie da sind, um die Anordnungen Ihrer Vorgesetzten zu befolgen. Na gut; noch bin ich Generalkonsul in Bordeaux und somit also Ihr Vorgesetzter. Ich befehle Ihnen, alle nötigen Visa auszustellen.«

Viera Braga, der – wie er später eingestehen wird – Angst hat, dass ihn die französischen oder die deutschen Behörden wegen »dieser Verrücktheit« verhaften lassen, und auch, dass er seiner Regierung in Lissabon gegenüber Rechenschaft ablegen muss, versucht, genau wie José Seabra in Bordeaux, Sousa Mendes davon zu überzeugen, dass er ein zu hohes Risiko eingeht. Doch es ist zwecklos.

In Bordeaux hatte José Seabra aus Bewunderung und Zuneigung »seinem« Konsul geholfen, die Visa auszustellen.

In Bayonne spielen sich die Dinge ein wenig anders ab. Noch heute ist diese Frage nicht völlig geklärt. Sousa Mendes wird später sagen, dass auch Faria Machado, Viera Braga und Calheiros e Meneses Visa unterschrieben haben. Die drei Männer werden dies leugnen, aber in ihren Aussagen irritieren doch gewisse Widersprüche.

Aristides organisiert wieder eine »Aktion Unterschrift«, die fast drei Tage und zwei Nächte dauern wird. Der Waffenstillstand ist am 21. Juni unterzeichnet worden. Nun zählt jede Minute. Mehrere tausend Flüchtlinge warten vor dem Konsulat, in der Stadt sind es noch einmal so viele, wenn nicht mehr. Es muss so schnell wie möglich gehen. Zunächst beschließt er, genau wie in Bordeaux, keine Gebühren mehr für die Ausstellung eines Visums zu erheben.

Um den Flüchtlingen zu ersparen, bis zum Konsulat hochzusteigen, und nicht das Risiko einzugehen, dass die Treppe bricht,

Wizy - Visas

Visto neste Consulado de Portugal
em Bordéus, aos *20* de *Jun* *1940*
Válido para uma só viagem para *Portugal*
O Cônsul,

Visum für den Flüchtling Michel Lidzki, ausgestellt von Aristides de Sousa Mendes, unterzeichnet von José de Seabra.

holt man die Pässe draußen ab und bittet die Antragsteller, auf der Straße zu warten, damit die Büros nicht zu voll sind. Einmal lässt Sousa Mendes sogar einen Tisch aus dem Konsulat hinuntertragen und auf der Straße aufstellen.

Auch David und Sylvain Bromberger, damals noch Jugendliche, waren mit ihren Eltern aus Antwerpen nach Bayonne geflohen. »Ich bin im Gedränge die Treppe hochgestiegen«, erzählt David, »und habe die Pässe der Familie im Konsulat abgegeben.« – »Hunderte von Leuten haben dort gewartet«, fährt Sylvain fort, der auf der Straße geblieben war. »Und dann ist jemand heruntergekommen mit einem Beutel voller Pässe. Er hat angefangen, die Namen auszurufen. Aber nicht unseren. Dann hat er einen zweiten Beutel aufgemacht und wieder die Namen vorgelesen.

Endlich hat er auch unsere Pässe hervorgezogen. Diesen Augenblick werde ich niemals vergessen!«

Lissy Jarvik[35] erinnert sich, Aristides de Sousa Mendes gesehen zu haben, wie er »mit einem Regenmantel und einem braunen Hut« auf der Straße Pässe unterschrieb! Er unterschreibt auch einige in seinem Hotelzimmer, in seinem Auto, überall, wo es geht. Seine Waffe ist der Füller, und er bedient sich ihrer bis zum letzten Tropfen Tinte.

Faria Machado gerät mehr und mehr in Panik und erbittet Instruktionen aus Lissabon. Er informiert auch seine Vorgesetzten darüber, dass er auf Befehl von Sousa Mendes Visa ausgestellt hat, ohne Gebühren zu verlangen. Am Vormittag des 21. Juni, einem Samstag, reagiert das Ministerium.

Der Generalsekretär Luis de Sampaio schickt einen seiner Vertrauensmänner nach Bayonne, Armando Lopa Simeão. Er bittet ihn zu überprüfen, was dort los ist, und eventuell nach Bordeaux zu gehen, um dort auch nachzuforschen und auf die Instruktionen des portugiesischen Botschafters in Spanien, Pedro Teotónio Pereira, eines Mitglieds des engsten Kreises der »Freunde« von Salazar, zu warten.

Am Tag zuvor hat Pereira an den Diktator geschrieben, um ihn über die Vorhaltungen der spanischen Behörden angesichts des Zustroms von Flüchtlingen mit portugiesischen Visa zu unterrichten. Salazar, dem die Allianz mit Franco wichtig ist, sieht rot und wird Aristides de Sousa Mendes niemals verzeihen, dass er diese wunderbare Freundschaft gestört hat.

Am 22. Juni begibt sich Pedro Teotónio Pereira nach Irun und von dort aus nach Bayonne, wo er in der Nacht ankommt. Dort trifft er Simeão, und die beiden Männer beraten in groben Umrissen ihre neue Politik in Sachen Visaerteilung.

Ihr Text ist kalt wie ein Skalpell, er klingt wie ein Todesurteil für die zahllosen Flüchtlinge, denen es noch nicht gelungen ist wegzukommen!

Zunächst wird verboten, Inhabern von Nansen-Pässen Visa zu erteilen, das heißt allen Flüchtlingen, zumeist Juden, die ihr Land verlassen haben und nur über einen provisorischen Pass des Völkerbundes verfügen. Mit einer Ausnahme: Diese Flüchtlinge können ein Visum erhalten, wenn sie ein Schiffsticket vorlegen, als Beweis dafür, dass sie Europa verlassen werden. Das heißt, Unmögliches zu verlangen, außer für einige sehr wohlhabende Leute.

Ansonsten werden, wenn man dem Wortlaut der absurden und grausamen Instruktionen Pereiras folgt, allein den Bürgern aus vier Ländern Visa zugeteilt, und auch das nur mit Einschränkungen. Engländer und Amerikaner werden ohne Probleme zugelassen, die Franzosen dagegen müssen *gente limpa* sein, »saubere Leute«. »In der rassistischen Terminologie, die noch aus der portugiesischen Inquisition stammt«, schreibt Rui Afonso, »bedeutete das, dass sie keine Juden waren.«[36] Aus Belgien werden nur hochgestellte Persönlichkeiten zugelassen. In dem Bericht, den er nach Lissabon schickt, fasst Simeão in einem Satz den Schrecken dieser Regelungen zusammen: »Wir wollen die Masse der unwürdigen und sozial unerwünschten Personen vermeiden.«

Was tut Aristides de Sousa Mendes, während diese bedauernswerten Bürokraten die Straße der Hoffnung für Tausend Menschen zu verbarrikadieren versuchen?

Er unterschreibt Visa in Hendaye, unmittelbar an der spanischen Grenze.

Zwischen den Spaniern, die damit drohen, die Grenze dichtzumachen, und den vorrückenden Deutschen ist diese Stadt zur letzten Hoffnung geworden. Wenn der Tag vorbei ist, richten sich die Flüchtlinge so gut sie können für die Nacht ein. Auf der Grundlage von Zeugnissen zweier österreichischer Flüchtlinge, Norbert und Heddy Gingold, sowie eines polnischen Flüchtlings, eines Medizinstudenten, hat Rui Afonso folgende ergreifende Zeilen geschrieben:

»Plötzlich erscheint Sousa Mendes mitten auf dem Platz. Heddy Gingold erzählt, dass er von einer Gruppe von Flüchtlingen umgeben war. Er stellte weiterhin Visa aus für alle, die ihn darum baten. [...] Aber was für Visa? Sie bestanden aus wenigen Worten, die besagten, dass der Inhaber berechtigt sei, nach Portugal einzureisen, sowie der Unterschrift Sousa Mendes'. Bestimmt hatte dieser die Konsulatsstempel mitgenommen. Falls der Flüchtling einen Pass hatte, stand das Visum im Pass. Hatte er nur einen Ausweis, dann genügte auch der Personalausweis, und wenn er weder das eine noch das andere besaß, dann begnügte sich Sousa Mendes mit einem Blatt Papier, manchmal sogar mit einem Stück Zeitung.«

»Am 22. Juni haben mein Vater und meine Mutter mit einem Visum des Doktor Mendes die spanische Grenze überquert. Da meine Eltern sowohl Juden als auch Staatenlose waren, wären sie den Deutschen anders wohl kaum entkommen«, berichtet Steven Carol, ein weiterer Flüchtling.
Am 23. Juni, als auch das Dekret herauskommt, mit dem die Ernennung Charles de Gaulles zum Brigadegeneral rückgängig gemacht wird, schickt Salazar – welch ein sonderbarer und glorreicher Zufall – ein Telegramm nach Bordeaux, in dem Aristides de Sousa Mendes die meisten seiner Kompetenzen aberkannt werden, vor allem die Befugnis, Visa auszustellen. Bis dahin

Die Brücke von Hendaye. Eine der Straßen, die auf die Brücke zuführt, heißt heute Rue des Désportés.

hatte der Konsul sich zwar gewisse Freiheiten gegenüber seiner Regierung herausgenommen, aber doch im Rahmen einer gewissen Legalität. Seit diesem Telegramm von Salazar befindet er sich er in der Illegalität.

Tatsächlich aber erfährt er von der Verfügung des Diktators erst später, denn er befindet sich ja noch in Hendaye. Dieses Katz-und-Maus-Spiel mit seinen Vorgesetzten wird Aristides de Sousa Mendes möglichst lange weiterführen. Er weiß, dass er noch Menschenleben retten kann, auch wenn es immer schwieriger wird, auch wenn sich der Ring immer enger schließt. Zwei Wochen lang wird er von nun an seine Zeit zwischen Bordeaux, Bayonne, Biarritz und Hendaye verbringen. Am 23. Juni kommen Pereira, Simeão und Machado zu ihm nach Hendaye. Das Gespräch mit dem Botschafter in Spanien ist sehr rasch zu Ende.

110

»Man muss den Befehlen gehorchen«, erklärt Pereira.
»Aber nicht, wenn diese Befehle der Menschlichkeit widerspre-
chen«, entgegnet Sousa Mendes.
Die vier Männer kehren nach Bayonne zurück. Einige Stunden
zuvor hat eine Frau, mit einem von Aristides de Sousa Mendes
unterschriebenen Visum, die spanische Grenze überquert. Vierzig Jahre später zeigt sie auf die Brücke, die sie als Kind überquert hat, und erzählt.
»Das ist die Brücke, über die wir gegangen sind. Wir sind auf der
französischen Seite ausgestiegen und losgelaufen, um auf der anderen Seite den spanischen Zug zu nehmen. Die Brücke kam mir
riesig vor! Auf der anderen Seite gab es auch eine Passkontrolle.
Wir hatten so große Angst, dass die Spanier uns nach Holland
zurückschicken und somit Hitler ausliefern würden!«
Am Montag, dem 24. Juni, erlaubt Pereira Aristides de Sousa
Mendes, nach Bordeaux zurückzukehren. Der fährt aber lieber
wieder an die Grenze. Salazar wird ungehalten: Aristides muss
zurück nach Lissabon.

Am 25. Juni, als der Waffenstillstand in Kraft tritt und ein na-
tionaler Trauertag angeordnet wird, zeigt sich Salazar immer
ungeduldiger. In Lissabon hat man jede Spur des Konsuls von
Bordeaux verloren.
Gleichwohl wird am 26. Juni, an dem Tag, bevor dort die ersten
deutschen Konvois als Vorhut eintreffen, seine Anwesenheit in
Bordeaux vermerkt. Adrien Marquet, Bürgermeister der Stadt
und zugleich Staatsminister der neuen Regierung, lässt einen
»Appell an die Bevölkerung von Bordeaux« aushängen.
»In unserem Unglück habt ihr euch der Traditionen unserer
Stadt würdig erwiesen. Ihr wart gastfreundlich gegenüber den
Flüchtlingen, mutig unter den Bombardierungen und vertrau-

ensvoll gegenüber Marschall Pétain. Morgen wie heute lautet eure Parole: DISZIPLIN, ORDNUNG, WÜRDE.«

Von Bayonne aus schickt Simeão Telegramme nach Lissabon. Er scheint mit seiner Arbeit sehr zufrieden zu sein. »Situation im Konsulat normalisiert – STOP – Die französischen Behörden lassen keine Personen mehr heraus mit Visa, die in Bordeaux ausgestellt wurden – STOP – Ich werde nur ausdrücklich von Lissabon autorisierte Visa erteilen – STOP – Habe an der Tür des Konsulats eine Liste der Personengruppen ausgehängt, die Visa erhalten können – STOP.«

Für die Flüchtlinge, die sich noch in Bordeaux befinden, ist die Falle damit endgültig zugeschnappt.

Eine Kolonne deutscher Fahrzeuge rast in Richtung Pyrenäen, um die spanische Grenze abzuriegeln.

Es ist aus!

Als sie sehen, dass nun keine Hoffnung mehr besteht, Frankreich zu verlassen, beginnen viele Flüchtlinge, wieder nach Norden zu strömen. Wie viele von ihnen erwartet nun der Schrecken?

Aristides de Sousa Mendes ist erneut in Hendaye. Noch können Flüchtlinge über die Grenze. Darunter die Familie Bromberger.

»Ich hatte wahnsinnige Angst«, erzählt Sylvain, »wir wurden von spanischen Soldaten kontrolliert, die alles durchsuchten. Mein Vater hatte sagen hören, dass sie einem alle Wertgegenstände wegnähmen. In einem Koffer befanden sich ein paar Diamanten, die wir aus Antwerpen mitgenommen hatten – unser ganzes Vermögen. Wir stellten unser Gepäck auf den Boden, da kam schon ein Soldat und sagte, genau auf diesen Koffer zeigend: ›Ich will sehen, was darin ist.‹ Da nahm ich den Koffer und lief wie verrückt davon, um in der Menge unterzutauchen. Als wir uns am Ende der Brücke wiederfanden, sahen wir uns um: Die Deutschen waren da!«

Andere, sehr viele andere, haben nicht so viel Glück. Viele Flüchtlinge werden abgeschoben. Manche bringen sich selbst um, bevor sie den Nazis in die Hände fallen.

Aristides wird das Unmögliche versuchen.

Er erinnert sich daran, dass er bei seinen Autofahrten nach Lissabon, wenn er die Verstopfung auf der Brücke Hendaye und Irun umfahren wollte, oft die spanisch-französische Grenze an einer anderen Stelle überquerte.

Warum sollte er nicht diesen Versuch wagen?

Er fordert die Flüchtlinge in seiner Nähe auf, ihm zu folgen. Er führt sie zu seinem Wagen. Der seltsame Zug kommt an dem kleinen Grenzposten mit den erstaunten spanischen Soldaten an. Zum Glück haben sie kein Telefon. Also haben sie die neuen Instruktionen über die Schließung der Grenzen aus Madrid noch nicht erhalten.

Sousa Mendes tritt in seiner stattlichen Erscheinung – er hat sie noch, trotz zerknitterter Kleider, verstaubter Schuhe, übermüdeter Gesichtszüge und zerzauster Haare! – vor die Spanier und sagt ihnen: »Ich bin der Konsul von Portugal, diese Leute begleiten mich, sie haben alle ordnungsgemäße Visa, Sie können es überprüfen. Seien Sie also so freundlich, sie passieren zu lassen.«

Das Unglaubliche geschieht: Sie kommen durch!

Während diese bizarre Prozession Frankreich verlässt, kann Aristides de Sousa Mendes nach Bordeaux zurückkehren.

Am 29. Juni verlässt Marschall Pétain die Stadt und begibt sich zunächst nach Clermont-Ferrand, später nach Vichy. Er wird erst am 15. November 1945 in die Stadt zurückkehren, als Gefangener, auf dem Rücksitz eines Autos liegend.[37]

Am 30. Juni betritt, unter strahlender Sonne und mit dem Eisernen Kreuz auf der Brust, Oberst Kreschner als erster Offizier der Wehrmacht Bordeaux offiziell über die Steinbrücke. Die Flagge mit dem Hakenkreuz wird vor dem Hauptquartier in der Rue Vital-Carles gehisst. Genau diesen Moment hat sich ein Mann, Israel Leizer Karp, ausgesucht, um eine erste heroische Tat des Widerstandes zu vollbringen. Zitieren wir ein letztes Mal Jean Chédaille:

»Eine deutsche Militärkapelle, der ein Tambourmajor vorangeht, marschiert an scheinbar gleichgültigen Gesichtern vorbei. Plötzlich tritt aus der Menge ein Mann hervor, der die Eindringlinge einige Minuten lang anstarrt.

Mit der ruhigen Kraft von Leuten, die eine selbstmörderische Aktion durchführen, schreitet er auf den riesigen teutonischen Tambourmajor zu, der den Marsch der mächtigen, lauten und siegreichen Truppe anführt.

Dann hebt er seinen Krückstock in Richtung des Taktstocks des Deutschen. Der Soldat schiebt ihn brutal beiseite und setzt seinen Eroberungsmarsch fort. Der lächerliche Angreifer, ein älterer Jude, verrückt vor Mut und Hass, wird sogleich verhaftet, vor ein Kriegsgericht gestellt und erschossen.«

Am 1. Juli bittet Simeão um die Erlaubnis, nach Lissabon zurückzukehren. »Konsularische Situation vollständig normal, was Erteilung von Visa in Pässen betrifft«, schreibt er, ehe er von Gerüchten über einen deutschen Vormarsch auf Gibraltar oder auf Portugal berichtet. »Als die deutschen Truppen ankamen, war ich an der spanischen Grenze«, fährt er fort, »ich habe mit dem Militärattaché gesprochen, der eine große Sympathie für unser Land zu haben scheint und mir geraten hat, die Erteilung von Visa möglichst schwierig zu gestalten.«

Am Quai Louis XVIII. Nummer 14 versucht Aristides de Sousa Mendes zu retten, was noch zu retten ist. Er nimmt weiterhin

Flüchtlinge bei sich auf. Da er keine offiziellen Befugnisse mehr hat, muss er schummeln. Außer seiner Gastfreundschaft gibt er zwei Juden, die aus Wien geflohen sind, falsche Pässe: Mosco Galimir und seiner Tochter Marguerite.[38]

»Mithilfe dieser Pässe«, schrieb Letztere im März 1966, »standen wir unter dem Schutz der französischen Behörden. Und wir wurden nicht ins Konzentrationslager gesteckt.«

Am 8. Juli kehrt Aristides de Sousa Mendes zurück nach Portugal.

Die Rache der Mittelmäßigen

Etwa am 10. Juli 1940 kommen Aristides und Angelina de Sousa Mendes in Cabanas an, in einem herrlichen roten Dodge Brother Cabrio. Er sieht noch stattlich aus, der Herr Konsul, obwohl ihn die letzten Wochen sehr mitgenommen haben. Und obwohl Salazar am 4. Juli ein Disziplinarverfahren gegen ihn eröffnet hat.

Zwar weiß er, dass er sich, um es milde auszudrücken, einige Freiheiten gegenüber den Vorschriften geleistet hat, doch fühlt er sich im Einklang mit seinem Glauben und seinem Gewissen. Er wird nicht den Nacken beugen, vor allem nicht bei sich zu Hause im Passal, wo ihn, wie in den schönsten Zeiten, mehr als zwanzig Personen erwarten.

Außer seinen Kindern, die sich nach und nach alle wieder im »Palast« eingefunden haben, sowie einigen Cousins erwarten ihn dort die Frau und die Kinder Albert de Vleeschauwers sowie zwei ihrer Freunde. Die ganze kleine Truppe verbringt dort wunderbare Sommerferien. Pater van Rooy, der Freund der Vleeschauwers, verlangt, dass ihm ein Junge jeden Morgen bei der Messe assistiert. Danach ruft der Geistliche alle Kinder zu einer Gymnastikstunde auf die große Terrasse. Er gibt ihnen auch Sprachunterricht und versucht, in der Truppe ein Minimum an Disziplin zu wahren.

Das ist gar nicht einfach. Zu den zwölf Kindern der Familie – mit bereits einem Enkelkind, dem Sohn Isabels – kommen die fünf de Vleeschauwers hinzu, deren Jüngster Baudouin heißt. So entsteht die Legende, der spätere belgische König habe in Cabanas logiert.[39] Nicht zu vergessen die Cousins.

Die »Großen« machen viel Unsinn und spielen dem Gärtner Streiche – einem mächtigen, etwas ungehobelten Mann, den sie »Stalin« nennen und der seine Zeit damit verbringt, ihnen hinterherzulaufen, weil sie seine Blumenbeete verwüsten. Aristides, der Älteste, hält sich immer mehr abseits. José, der soeben aus Bordeaux eingetroffen ist, muss wegen seiner »salazaristischen« Anschauungen unter dem Spott seiner Brüder leiden. »Zieh dir doch das grüne Hemd [die Uniform der Parteijugend] an!«, rufen sie ihm zu. Da Clotilde und Isabel verheiratet sind, geben die drei »Studenten« – Geraldo, Pedro Nuno und Sebastião – den Ton an.

Pedro Nuno verliebt sich leidenschaftlich in seine Cousine Maria Adelaïde, Césars Tochter, ein wunderschönes Mädchen, das praktisch zur selben Zeit geboren wurde wie er. Alle beide sind in Brasilien gezeugt worden. Er besucht sie oft in Mangualde, dem Wohnsitz ihres Vaters César. Er zieht dann seine schönsten Kleider an und vor allem die zweifarbigen Schuhe, auf die er so stolz ist. So stolz, dass ihm eines Abends Sebastião einen Streich von zweifelhaftem Geschmack spielt: Er pinkelt hinein!

Mehrmals in der Woche bricht die kleine Mannschaft in die Berge auf, wo es unvergessliche Picknicks gibt. Der Mann einer der Nichten von Aristides, ein Jurist von den Kapverdischen Inseln, fährt den kleinen Bus. »Man hätte uns sehen müssen auf den schlecht gepflasterten Straßen«, erinnert sich Ludovic de Vleeschauwer, der damals vierzehn Jahre alt war, »es war richtig abenteuerlich. Wir badeten in den kleinen Bergbächen, aßen Brot mit Käse und Quittenkonfitüre und tranken dazu Landwein.«

118

Abends musiziert man im Wohnzimmer oder auf der Terrasse, die mit bunten Lampions geschmückt ist, oder sie tanzen, unter den erstaunten Blicken der Einwohner von Cabanas. »Beim Essen waren wir etwa dreißig Leute am Tisch und wurden von Domestiken bedient«, erinnert sich Elsa de Vleeschauwer, die damals sehr jung war. Der Krieg war so weit weg.

In welcher Verfassung befand sich Aristides de Sousa Mendes, als er in Cabanas ankam? »Er war würdevoll, ruhig, lächelnd und sehr nachsichtig gegenüber den Kindern«, erinnert sich Ludovic de Vleeschauwer. Sebastião bestätigt heute, was in kinderreichen Familien übrigens häufig vorkommt, dass sein Vater mit den Älteren sehr viel strenger war als mit ihm. »Aristides war ziemlich füllig, er sprach mit gesetzter Stimme und immer mit großer Freundlichkeit«, fährt Ludovic de Vleeschauwer fort. Er berichtet aber auch, dass Angelina sehr, sehr müde wirkte. »Ich kann mich nicht daran erinnern, dass sie im Haus auch nur einen Befehl gegeben hätte«, ergänzt er. Seine Schwester Elsa spricht von Aristides de Sousa Mendes als einem »warmherzigen und freundlichen Menschen«.
»Es stimmt allerdings auch«, fügt sie heute hinzu, »dass man als Kind eine ungeheure Fähigkeit hat, die Sorgen der Erwachsenen nicht wahrzunehmen.«
Und an Sorgen fehlt es Aristides de Sousa Mendes wahrlich nicht. Er wird nicht sehr lange in Cabanas bleiben. Seine Zukunft entscheidet sich in Lissabon. Mit Angelina richtet er sich in der Hauptstadt ein, in der Rua Rodrigues-Sampaio 170, ganz nahe der Avenida da Liberdade.

Eigentlich kennt Aristides die Hauptstadt und ihre Intrigen nur schlecht. Er war immer nur kurz dort und hat keine Verbin-

Aristides de Sousa Mendes, Aufnahme aus dem Jahr 1940.

dungen zu Freunden oder Gleichgesinnten aufbauen können. Auch die Wirklichkeit des Salazarregimes hat er sich noch nicht richtig bewusst gemacht.

Lissabon ist in diesem Sommer 1940 eine völlig verrückte Stadt. Zehntausende von Flüchtlingen haben sich dort niedergelassen. Douglas L. Wheeler[40] zitiert die Beschreibung, die Dusko Popov, ein britischer Doppelagent, von ihr gegeben hat: »1940 war Lissabon eine Welt für sich, eine geschützte Enklave der Neutralität, in der sich alle Krieg führenden Parteien vermischten. Sie war voller Flüchtlinge aller Arten und aus allen Nationen.«[41] Unter den berühmtesten Flüchtlingen waren Arthur Koestler, der Herzog und die Herzogin von Windsor, Jean Giraudoux und Erich-Maria Remarque.[42]

Der Krieg ist da, ganz in der Nähe, man spricht von ihm, ohne sich jedoch über das Ausmaß des Unheils im Klaren zu sein. Was die Einwohner Lissabons in diesem Sommer 1940 wirklich in Atem hält, ist die Ausstellung über die portugiesische Welt, die im Juni mit großem Pomp von Salazar eingeweiht wird. Es soll eine große nationalistische Manifestation sein, aber auch ein Symbol des Friedens: »Eine Inszenierung, die dem Stolz und der Angst der Portugiesen von damals entsprach, auf dem Höhepunkt eines Regimes, das niemals wieder eine so ideale Isolation erleben sollte.«[43]

Über diesem Text sieht man auf einem Foto Salazar und ›seinen‹ Präsidenten der Republik, Carmona, nebeneinander in Korbsesseln im Gespräch. Der Diktator ist ganz in Schwarz gekleidet, hat seinen schwarzen Hut auf den Knien und trägt seine berühmten, natürlich schwarzen Schnürstiefel. Ein anderes Foto, am gleichen Tag entstanden, zeigt Salazar von einigen seiner Minister umgeben, alle mit schwarzen Hüten auf dem Kopf.

Der Historiker Yves Léonard hat sie gut beschrieben, »die zuweilen erstaunliche Mischung, welche auf emblematische Weise diese Ausstellung über die portugiesische Welt kennzeichnet, in der modernistische Ansätze neben typischen Häusern traditioneller Dörfer stehen, dem Emanuelstil, den Armillasphären [astronomischen Geräten zum Messen der Himmelskreise], der Wappenkunst – Elemente einer nationalen Identität, die achthundert Jahre alt ist«.[44]

Wenn Aristides Lissabon nicht kennt, so kennt er Salazar und das Regime, das dieser errichtet hat, noch weniger. Als er Bordeaux verließ, schien er überzeugt, dass er vom Regierungschef empfangen werde und ihm erklären könne, warum er im Namen einer christlichen Moral, die ihnen doch gemeinsam sei, so viele Menschen gerettet habe.

Er will ihm auch sagen, dass er die Ehre seines Landes gerettet habe und dass dies Portugal eines Tages nützen werde. Kurzum, er will an seine christlichen Gefühle appellieren und an seine Großzügigkeit, aber auch an seine Vernunft und an das, was er für seine Weitsicht hält.

Er schreibt an Salazar:

»Im Bewusstsein, meine Pflicht gegenüber dem Vaterland getan zu haben und in keiner Weise gegenüber Eurer Exzellenz schuldig geworden zu sein, bitte ich Euch, mich zu empfangen, wofür ich Euch sehr dankbar wäre. Mit vorzüglicher Hochachtung.«

Der Diktator mit den Schnürstiefeln wird ihn niemals empfangen.

Stattdessen wird er alles tun, um ihm das Rückgrat zu brechen.

Aristides de Sousa Mendes hat den wesentlichen Charakterzug seines ehemaligen Mitstudenten aus Coimbra noch nicht verstanden: seine manische, unmäßige, krankhafte Lust am Befehlen. Was gehen ihn die vielen tausend Menschen an, die Sousa

Mendes gerettet hat, und sein Appell an den christlichen Glauben? Was ist das schon im Vergleich zu dem größten Vergehen: einer Direktive der Regierung nicht gehorcht zu haben! Weder 1940 noch 1945 noch 1950, niemals wird Salazar die moralische, aber auch die politische Tragweite der Aktion Aristides' verstehen. Er wird darin nur den Ungehorsam sehen.

Und Ungehorsam muss bestraft werden.

Francisco de Paula Brito Jùnior, Chef des Dienstes für wirtschaftliche Fragen im Außenministerium, wird damit beauftragt, die Anklageschrift für das Disziplinarverfahren zu verfassen. Bereits am 26. Juni hat Pedro Lemos, Graf von Tovar, Generaldirektor für politische und konsularische Angelegenheiten, eine Reihe von Vorwürfen gegen den Konsul von Bordeaux erhoben. Überdies hat Salazar begonnen, eigene Nachforschungen anzustellen. So hat er Telegramme an mehrere Personen geschickt, um sie zu befragen, was vorgefallen sei und welche Instruktionen Sousa Mendes genau erhalten habe.

Brito seinerseits wird seine Untersuchung vor allem auf die Aussagen dreier Zeugen stützen: Kapitän Agostinho Lourenço, Abteilungsleiter im Bereich öffentliche Sicherheit, Armando Lopo Simeão, Sondergesandter Salazars in Bayonne, und Pedro Teotónio Pereira, Botschafter in Madrid.

Der Erstgenannte, der sich oft an die Grenze zwischen Spanien und Portugal begeben hat, um zu versuchen, den Zustrom der Flüchtlinge zu kontrollieren, wird bestätigen, dass viele von ihnen Visa besaßen, die der Konsul von Bordeaux ausgestellt hatte. Er betont besonders, dass viele dieser Flüchtlinge eigentlich nicht nach Portugal hätten einreisen dürfen, da sie laut Rundschreiben Nr. 14 zur Kategorie »proibido« gehörten, der vom Aufenthaltsverbot Betroffenen.

Agostinho Lourenço unterstreicht auch die »Fehler«, die Sousa Mendes schon vor den Tagen im Juni begangen hat, vor allem hinsichtlich der Visa und des falschen Passes, den er den Eheleuten Miny ausgestellt hat, sowie der Hilfe für Wiznitzer und Doktor Laporte.

Der zweite Zeuge der Anklage, Armando Lopo Simeão, wird besonderes Gewicht auf den seelischen Zustand legen, in dem er Aristides de Sousa Mendes angetroffen hat. Dieser, so erklärt Simeão, sei zwar nicht »dem Wahnsinn verfallen« und durchaus »im vollen Besitz seiner Kräfte« gewesen, dennoch habe er »deutliche Anzeichen von Starrsinn« aufgewiesen. Simeão erklärt damit, dass Sousa Mendes trotz seiner unablässigen Warnungen betreffs der »Tragweite seiner Handlungen« nicht aufgehört habe, ihm entgegenzuhalten, dass die Verweigerung der Visa für all diese armen Leute über seine Kräfte gehe.

Die Aussage Teotónio Pereiras wird Sousa Mendes am schwersten belasten. Dieser bestätigt zunächst, auch er habe bei seiner Nachforschung an der Grenze bei Irun festgestellt, dass die Visa der meisten Flüchtlinge vom Konsulat in Bordeaux ausgestellt worden seien. Er stellt klar, dass Sousa Mendes dem Konsul von Bayonne befohlen habe, weiterhin Visa zu erteilen.

Der Botschafter in Madrid, der seine Begegnung mit Sousa Mendes an der spanisch-französischen Grenze beschreibt, will zeigen, dass dieser den Verstand verloren haben musste: »Ich bat ihn, mir die Lage zu erklären. [...] Aus allem, was ich gehört habe, und aus seinem verwahrlosten Äußeren habe ich den Eindruck eines Mannes gewonnen, der zutiefst verstört und nicht in seiner normalen Verfassung war.

Sein Verhalten ließ auf eine so starke Verwirrtheit schließen, dass ich mich sofort beeilt habe, es den spanischen Behörden anzuzeigen, und sie gebeten habe, die von ihm ausgestellten

Visa als nichtig zu betrachten. [...] Ich hatte nicht den geringsten Zweifel, als ich den spanischen Behörden mitteilte, dass besagter Konsul nicht mehr im Besitz seiner geistigen Kräfte war.« Man ist vor den Kopf gestoßen angesichts dieser Aussage eines Mannes, der sich nicht schämte, in seinen 1973 erschienenen Memoiren zu schreiben: »Am 20. Juni beschloss ich, mich an die französische Grenze zu begeben. Ich hatte nämlich erfahren, dass sich an der Pyrenäengrenze eine große Anzahl von Flüchtlingen unterschiedlicher Nationalität versammelt hatte, wo sie verzweifelt versuchten, nach Portugal weiterzureisen. Zwei oder drei Tage lang«, fährt dieser große Held fort, »fuhr ich mühselig zwischen Hendaye und Bayonne hin und her und zwang die spanischen Behörden, die portugiesischen Visa anzuerkennen, bemühte mich auch mit allen mir zur Verfügung stehenden Mitteln, den armen Leuten zu helfen.«

Die von Brito verfasste Anklageschrift, die Sousa Mendes am 2. August zugestellt wurde, enthielt fünfzehn Punkte:

1. Ausstellung von Visa für Arnaldo Wiznitzer und seine Familie, noch vor Eintreffen einer Antwort aus Lissabon.
2. Ausstellung von Visa für Professor Laporte unter den gleichen Umständen.
3. Verstoß gegen das Rundschreiben Nr. 14 durch die Ausstellung von Visa für drei polnische Staatsbürger.
4. Die Bitte an britische Staatsbürger, für einen portugiesischen Wohltätigkeitsfonds zu spenden, bevor sie ihre Visa erhielten.
5. Der Befehl an den Konsul von Bayonne, für alle Antragsteller Visa auszustellen, unter Verweis darauf, dass es nötig sei, »alle diese Leute zu retten«.

6. Die Ausübung seiner Funktionen in einem anderen Konsulatsbüro als seinem eigenen sowie der Befehl an den Konsul von Bayonne, die Visa gebührenfrei zu erteilen.

7. Die telefonisch erteilte Weisung an den Konsul von Toulouse, Visa auszustellen.

8. Die Antwort, die er Armando Simeão gab, der ihn auf die Schwere seines Verstoßes hinwies: »Diesen armen Leuten ein Visum zu verweigern, geht über meine Kräfte.«

9. Die Tatsache, dass er Portugal gegenüber den spanischen und den deutschen Behörden in eine unehrenhafte Lage gebracht hat.

10. Die Tatsache, dass der Direktor der Geheimpolizei feststellen konnte, dass die meisten Ausländer, die nach Portugal einreisen wollten, vom Angeklagten unterzeichnete Dokumente vorwiesen.

11. Die Tatsache, dass unter diesen Ausländern sehr viele Nationalitäten vertreten waren, denen kein Visum erteilt werden durfte.

12. Die Erteilung von Visa auf Dokumenten, die nicht einmal Pässe waren.

13. Die Einreise der luxemburgischen Staatsbürger Paul Miny und Maria da Conceição Miny nach Portugal mit portugiesischen Pässen.

14. Die Verfälschung des Verwandtschaftsverhältnisses zwischen Paul und Maria Miny.

15. Das Ersuchen des Angeklagten an das Ehepaar Miny, ihm den fraglichen Pass nach ihrer Einreise nach Portugal zurückzugeben.

Sousa Mendes bekommt zehn Tage Zeit, seine Verteidigung vorzubereiten.

Er lädt drei Zeugen vor. Francisco de Calheiros e Meneses, Botschafter in Brüssel, der sich nach Bordeaux abgesetzt hatte. Dieser leugnet die Sousa Mendes zur Last gelegten Tatbestände nicht, unterstreicht aber in seiner Aussage den tragischen Aspekt der Ereignisse, denen der Angeklagte sich gegenübergestellt sah, seine körperliche Überanstrengung und seine moralische Not, die zumindest mildernde Umstände bedeuten.

»Ein Beamter darf nicht menschlich sein, wenn er Befehlen Folge zu leisten hat«, schreibt der Diplomat, »aber nicht alle haben die moralische Widerstandskraft, solche Situationen zu ertragen, wie sie Aristides de Sousa Mendes durchlebt hat. Andere hätten sich geistig, physisch und moralisch standhafter zeigen und so den drängenden und angstvollen Bitten der Leidenden widerstehen können.« Brito folgert daraus: »Der Konsul von Bordeaux hat sich, wie viele andere, vom Schrecken der Tragödie, der er beiwohnte, überwältigen lassen.«

Die beiden anderen Zeugen, die von der Verteidigung vorgeladen werden, der Konsulatsinspektor Agapito Pedroso Rodrigues und der Konsul Agnelo Lopes da Cunha Pessoa, waren während der Ereignisse nicht anwesend und heben die moralische und berufliche Integrität Aristides de Sousa Mendes' hervor. »Ich kenne ihn seit fast dreißig Jahren«, schreibt der Zweitgenannte, »und mir ist niemals etwas zu Ohren gekommen, was einen Schatten auf seine moralische Integrität geworfen hätte.«

Sousa Mendes reicht seine Verteidigungsschrift am 12. August ein. Ein Dokument von etwa zwanzig Seiten, dem er einen Artikel aus der Zeitung *Diario de Noticias* beilegt. In diesem wird unter der Überschrift »Portugal war immer christlich« die Gastfreundschaft des Landes gegenüber den Flüchtlingen gewürdigt. Die Tageszeitung zitiert vor allem die Erklärung des niederländischen Botschafters in Lissabon, der Portugal dazu beglückwünscht, »in dieser dramatischen Periode der Geschichte Europas« den Fremden Gastfreundschaft gewährt zu haben, »die auf seinem Territorium Schutz vor den gegenwärtigen Gefahren gesucht haben. [...] Unsere Aufnahmebereitschaft war unabhängig von Nationalitäten und Meinungen, schaute nicht auf Rasse oder Hautfarbe und war einzig und allein von einem Gefühl der Solidarität angesichts des Elends geleitet.«

Und der *Diario de Noticias* schließt:

»In einem der Pavillons von *Belem* steht ein Kreuz mit der Inschrift. ›Portugal war immer christlich.‹ Das ist das Bild einer wesenhaften Großzügigkeit, die tief in unserer Seele verankert ist.«

Aristides de Sousa Mendes fügt seinem Dossier auch einen Brief in französischer Sprache hinzu, den ihm die Schriftstellerin Gisèle Quittner Allotini geschrieben hat: »Ich möchte Ihnen gegenüber die große Bewunderung aussprechen, die man für Sie in allen Ländern empfindet, in denen Sie als Konsul gewirkt haben. Sie stellen die beste Werbung für Portugal dar, Sie gereichen Ihrer Heimat zur Ehre. Alle, die Sie gekannt haben, loben Ihren Mut, Ihr großes Herz, Ihren ritterlichen Geist und sie fügen hinzu: Wenn alle Portugiesen dem Generalkonsul Mendes ähneln, dann sind sie ein Volk von Rittern und Helden.«

In seiner Verteidigungsschrift geht Sousa Mendes Punkt für Punkt die Anklagen von Paulo Brito durch.

Das Visum für Arnaldo Wiznitzer?

»Man hätte ihn sonst in ein Konzentrationslager gesteckt, was seine Frau und seine Familie ihres Ernährers beraubt hätte. [...] Ich habe es als elementare Menschenpflicht angesehen, ihm eine solche Prüfung zu ersparen.«

Die Hilfe für Doktor Laporte?

»Er hatte ausgezeichnete Empfehlungen und ich hatte schon einen Monat zuvor eine Erlaubnis beim Ministerium beantragt. Ich sah nicht, aus welchen Gründen mir das Ministerium dieses Visum verweigern sollte. Die Tatsache, dass sich die Behörden seiner Durchreise durch Lissabon nicht widersetzt haben, scheint mir die Richtigkeit meiner Einschätzung zu bestätigen.«

Dann geht Sousa Mendes auf die Vorwürfe der Britischen Botschaft ein, die er für unbegründet hält. Er erklärt, dass er niemals Visa außerhalb der offiziellen Öffnungszeiten erteilt habe, sondern dass sich die offiziellen Öffnungszeiten des Konsulats sehr verlängert hätten. »Der Dienst begann um zwei Uhr morgens, manchmal auch früher, und einige Wochen lang dauerte er *bis* ein oder zwei Uhr morgens.«

Was den Vorwurf betrifft, zusätzliche Gebühren erhoben zu haben, liege dem gewiss »ein Missverständnis des Informanten der Britischen Botschaft« zugrunde. Sousa Mendes präzisiert: »Nach den gültigen Konsulatstarifen hätte ich eine persönliche Vergütung für jede Dienstleistung außerhalb der regulären Öffnungszeiten verlangen können, was ich aber nie getan habe«, doch setzt er hinzu: »... mit Ausnahme eines Sonntags, an dem ich es für richtig hielt, diese Ausgleichszahlung von Robert de Rothschild zu verlangen, der auf keinen Fall bis zum nächsten Tag warten wollte ...

Es wäre absurd anzunehmen«, schreibt der Beschuldigte weiter, »ich hätte Spenden für Wohltätigkeitsfonds in Portugal verlangt, und nichts stützt die Behauptung, dergleichen sei in meinem Konsulat geschehen.« Sousa Mendes fragt sich, ob all die Beschuldigungen vonseiten der Britischen Botschaft nicht auf eine englische Staatsbürgerin zurückgehen, die es leid war, noch länger vor dem portugiesischen Konsulat zu warten, ihren Unmut äußerte, sich sogar mit den Angestellten stritt und mit einer Beschwerde drohte.

Auf die Punkte 5 und 6 der Anklage eingehend, erklärt Sousa Mendes sodann, dass er nach Bayonne gegangen sei, um einer Bitte des dortigen Konsuls Machado nachzukommen: »Da im gesamten Südwesten Frankreichs regelrechte Panik herrschte, die mit jeder Meldung über ein weiteres Zurückweichen der französischen Truppen stärker wurde, hielt ich es unter den gegebenen Umständen für meine Pflicht, meinem Kollegen in Bayonne persönlich zu helfen. Angesichts der Tausenden von Menschen, die sich vor dem Konsulat und in der Stadt drängten, habe ich meinem Kollegen Machado als einzig mögliche Lösung vorgeschlagen, allen ein Visum zu erteilen. Dabei wusste ich, dass es praktisch völlig ausgeschlossen war, in jedem Fall die vollständigen Gebühren zu erheben, und dass man dies nötigenfalls an der portugiesischen Grenze nachholen könne.« Abschließend sagt er, Faria Machado habe seinen Vorschlag im Beisein des Botschafters in Brüssel, Calheiros e Meneses, angenommen. »Mein Ziel war in erster Linie ein humanitäres. Es mussten Menschenleben gerettet und das Auseinanderreißen von Familien verhindert werden. Ich dachte auch an das Schicksal, das diese Menschen erwartet hätte, falls sie dem Feind in die Hände gefallen wären. Viele von ihnen waren Juden, die schon zuvor Verfolgungen erlitten hatten und nun dem Schrecken erneuter Verfolgungen entkommen wollten. Es gab dort auch eine unübersehbare Zahl von Frauen aus allen Ländern, die der brutalen teutonischen Sexualität entkommen wollten, sowie Kinder, die die Leiden ihrer Eltern miterlebt hatten.

Wie viele Selbstmorde und andere Verzweiflungstaten habe ich miterleben müssen«, schreibt er und fügt hinzu, er habe dem Konsul von Toulouse erlaubt, selbst Visa auszustellen, weil es für die Flüchtlinge unmöglich gewesen sei, sich nach Bordeaux oder Bayonne zu begeben.

Portugal entehrt? Sousa Mendes hält es für »offensichtlich«, dass sein Verhalten »etwas seltsam« war. »Aber dazu muss man wissen«, fügt er hinzu, »dass zu jenem Zeitpunkt alles *etwas seltsam* war und dass mein Verhalten nur von jemandem beurteilt werden kann, der eine genaue Kenntnis des Umfelds und der Fakten hat.

Ich bedaure zutiefst, dass dieser Eindruck von Entehrung bei einigen Personen entstehen konnte«, erklärt er, fragt sich aber zugleich, warum man ihn beschuldigt, sein Land in den Augen der deutschen Behörden entehrt zu haben, die doch zum Zeitpunkt jener Ereignisse gar nicht in Bordeaux waren. Die französischen Behörden, stellte er klar, hätten jedenfalls die Lage genau verstanden, da sie zwei Tage vor der Ankunft der deutschen Truppen die Ausreise sogar ohne Visa gestattet hätten.

Sousa Mendes beendet dieses Kapitel über die »Entehrung«, indem er darauf verweist, dass ihm, als er Bayonne verließ, Hunderte von Personen Beifall gespendet hätten und dass sie in seiner Person Portugal geehrt hätten.

Was das Ehepaar Miny betrifft, so begnügt sich Sousa Mendes mit dem Hinweis, dass er auch in diesem Fall aus humanitären Gründen gehandelt habe.

Abschließend erklärt er, dass es ihm in erster Linie darum gegangen sei, die ihm aufgegebene Mission zu erfüllen, Portugals Ansehen zu verteidigen. Viele hochgestellte Persönlichkeiten aus anderen Ländern hätten seine Hilfe beansprucht und alle diese Persönlichkeiten hätten ihm gegenüber ihre Dankbarkeit bekundet. Zugleich habe diese auch Portugal gegolten, dem einzigen Land in Europa, das sich in dieser dramatischen Situation den Flüchtlingen gegenüber aufnahmebereit gezeigt habe.

131

Seine letzten Worte lauteten: »Es kann gut sein, dass ich Fehler gemacht habe, aber wenn, dann nicht absichtlich, denn ich habe immer nach meinem Gewissen gehandelt. Ich habe mich nur vom Pflichtbewusstsein leiten lassen, in vollem Bewusstsein meiner Verantwortung.«

Am 29. August legt Brito seinen Bericht dem Disziplinarausschuss vor: Aristides de Sousa Mendes wird des vorsätzlichen Ungehorsams sowie wiederholter, massiver Amtsverletzung beschuldigt.

Brito misst der Ausstellung eines Passes für das Ehepaar Miny besondere Bedeutung bei und wirft Sousa Mendes vor, »Portugal in eine wenig ehrenhafte Situation gegenüber den spanischen Behörden und der deutschen Besatzungsverwaltung« gebracht zu haben.

Er erinnert daran, dass der Leiter der politischen Polizei und des Geheimdienstes festgestellt habe, dass die Mehrheit der Ausländer, die sich an den portugiesischen Grenzen eingefunden hätten, über vom Angeklagten ausgestellte Visa verfügt habe und dass sich unter ihnen eine große Anzahl Angehöriger von Staaten befunden hätten, denen gemäß den Instruktionen des Ministeriums kein Visum zustand. Viele Visa seien auf schlichten Ausweisen ausgestellt worden. Da Brito trotz allem davon ausgeht, dass Aristides de Sousa Mendes mildernde Umstände geltend machen kann, schlägt er als Strafe eine sechsmonatige Amtsenthebung vor.

Sein Bericht wird seinem Vorgesetzten zugestellt, dem Grafen Tovar, der am 1. Oktober zum Referenten im Verfahren gegen Aristides de Sousa Mendes ernannt worden ist. Sein Urteil ergeht am 19. Oktober.

Es fällt härter aus als das von Brito vorgeschlagene.

Tovar lässt angesichts des Wiederholungsfalls keine mildernden Umstände gelten. Er wirft Sousa Mendes vor, die Taten nicht zu bedauern, sondern sich ihrer sogar noch zu brüsten. Da er ihn für ungeeignet hält, ein Konsulat zu leiten, empfiehlt er, ihn in eine niedrigere Kategorie einzustufen. Am 29. Oktober wird sein Bericht vom Disziplinarrat gebilligt.

Die Strafe ist hart, ungerecht und skandalös. Doch immerhin erlaubt sie es Aristides de Sousa Mendes, weiterzuarbeiten und auf lange Sicht eine neue Karriere ins Auge zu fassen.

Das hieße jedoch, die Rachsucht von Oliveira Salazar zu vergessen.

Sie sollte sich bald zeigen.

Am nächsten Tag, dem 30. Oktober 1940, verfügt der Diktator – unter Missachtung aller geltenden Verwaltungsregeln, die eine doppelte Bestrafung untersagen – nicht nur, dass Sousa Mendes bei Halbierung seines Gehalts für ein Jahr suspendiert wird, sondern auch, dass er nach diesem Jahr vorzeitig in den Ruhestand versetzt wird. »Wenn Tovar in der Tat noch versucht hat, Sousa Mendes zu retten«, schreibt Calvet de Magalhães, ehemaliger Minister unter Salazar, »so hat ihn Salazar, indem er ihm sein Amt entzog, finanziell zum Tode verurteilt.«

Salazar lässt das Dossier versiegeln.

So, wie man einen Stein auf einen versiegten Brunnen wälzt.

Er will nie wieder etwas von Aristides de Sousa Mendes hören.

Wir sind alle Flüchtlinge

Mit fünfundfünfzig Jahren in den Ruhestand versetzt, seiner Arbeit beraubt, obwohl er noch fast seine gesamte Familie zu ernähren hat, muss sich Aristides de Sousa Mendes nun der neuen Lage stellen. Ein anderes Ereignis tritt ein, das zugleich Freude und Verwirrung auslöst. In der Geburtsklinik Alfredo da Costa in Lissabon kommt am 19. Oktober Marie-Rose zur Welt, die Tochter, die Aristides in Bordeaux mit Andrée Cibial gezeugt hat. Die kleine Marie-Rose wird ihrem Onkel und ihrer Tante in Ribérac anvertraut.

Da er davon überzeugt ist, im Recht zu sein, wird Aristides de Sousa Mendes seine Sache gegenüber den Behörden seines Landes weiter verteidigen. Als hätte er noch nicht verstanden, zu wie viel Rachsucht und Gleichgültigkeit Salazar fähig ist.

Zur selben Zeit bekommt ein weiterer Diplomat, der sich in seiner Gunst wähnte, den Zorn des Diktators zu spüren. Er ist Botschafter in Berlin und will aus familiären Gründen nach Lissabon zurückkehren. Salazar befiehlt ihm jedoch, auf seinem Posten zu bleiben. Im Glauben, den Regierungschef überzeugen zu können, reist der Diplomat dennoch nach Lissabon. Dort wird er ins Büro von Salazars Sekretärin geführt, die ihn folgendermaßen ankündigt:

»Herr Minister, der portugiesische Botschafter in Berlin ist hier.«
»Sie täuschen sich, Fräulein, unser Botschafter ist nicht in Lissabon, er ist in Berlin.«

Damit ist der Fall klar: Der Botschafter wird nie von Salazar empfangen werden und nie mehr einen Auslandsposten erhalten.

Am 28. November stellt Aristides de Sousa Mendes mithilfe von Palma Carlos, einem Anwalt, der schon unangenehme Erfahrungen mit der politischen Polizei des Regimes machen musste, einen Berufungsantrag an das Verwaltungsgericht. Er betont vor allem die Missachtung seiner Rechte während des Verfahrens. Außerdem hebt er die Verwirrung der Argumente der verschiedenen Verfahrensbeteiligten sowie das Auseinanderklaffen der vorgeschlagenen und der tatsächlich verhängten Strafe hervor. Er bringt seine Argumente erneut vor und erklärt noch einmal, warum er die Visa ausgestellt hat.

Was Arnaldo Wiznitzer betrifft, so schreibt er voller Überzeugung: »Wenn er kein Visum erhalten hätte, hätte man ihn in einem Konzentrationslager interniert« und fügt in schöner Naivität hinzu: »Wenn der Professor aber nun nach Portugal kommen könnte, so würde er hier ruhiger und sicherer seine Studien fortsetzen, … denn ein Universitätsprofessor kann doch wohl niemals als unerwünschte Person angesehen werden.«

Nachdem er betont hat, dass Doktor Laporte über die »besten Empfehlungen« seitens der französischen Behörden verfügt habe und dass es die außergewöhnlichen Umstände gewesen seien, die ihn dazu bewogen hätten, dem Ehepaar Miny zu helfen, kommt Aristides de Sousa Mendes zum Wesentlichen: Es war eine Ausnahmezeit. »Im September 1939 wurde zwischen Deutschland und Frankreich der Krieg erklärt.« Er erwähnt »die Flucht all jener, die aus eigener Erfahrung oder aus der Überlieferung wussten, was eine deutsche Besatzung bedeutet«, und »die für jene, die sie nicht miterlebt haben, unbeschreibliche Situation«. Zudem betont er: »Dies alles kann man nicht übergehen.«

Nach Aristides' Auffassung wurde bei der Beurteilung, ob man ihm wirklich ein Verbrechen zur Last legen könne, ein Aspekt außer Acht gelassen: der moralische. Er bittet den Gerichtspräsidenten, »die machtvollen Gebote menschlicher Solidarität« in Rechnung zu stellen, die sein Handeln erklären, und schließt damit, dass er die Annullierung des Urteils für einen »Akt purer Gerechtigkeit« halte.

Während Aristides auf die Entscheidung des Verwaltungsgerichts wartet, schickt er, der sich finanziell in einer immer schwierigeren Situation befindet, im Dezember 1940 erneut ein Telegramm an Salazar. Er erwähnt die »absolute Notwendigkeit von Einkünften«, um seine Familie zu ernähren, »eine der größten in ganz Portugal«, und er bittet Seine Exzellenz, sie möge doch dringend anordnen, dass die ihm zustehenden Beträge überwiesen werden.

Keine Antwort.

Die jüdische Gemeinde von Lissabon gewährt Sousa Mendes eine monatliche Unterstützung sowie die Möglichkeit, mit seinen Kindern in ihrer Kantine zu essen. Isaac Bitton[45], der damals ein junger Mann war, half seiner Tante in der Kantine. Später berichtet er:

»Eines Tages höre ich hinter mir jemanden in bestem Portugiesisch sprechen. Ich drehe mich um und sehe einen Mann in schwarzem Anzug und mit Diplomatenhut, umringt von seiner Frau und mehreren Kindern. Von seiner Erscheinung beeindruckt, gehe ich auf ihn zu und sage ihm, dass es gleich links neben dem Speisesaal für die Flüchtlinge einen Speisesaal für die Portugiesen gibt. Er schaut mich mit seltsamem Lächeln an und sagt mit ruhiger Stimme: ›Wir auch, wissen Sie. Wir sind alle Flüchtlinge.‹«

Foto einer der Suppenküchen in Lissabon.
Aufnahme entstanden um 1940.

Am 19. Juni 1941 erhält Sousa Mendes eine weitere sehr schlechte Nachricht: Das Verwaltungsgericht hat seinen Berufungsantrag abgewiesen. Als Hauptgrund wird angeführt: »Ein Beamter hat nicht die Befugnis, die Befehle anzuzweifeln, denen er gehorchen soll.«
Und dennoch!
Im Jahr 1942 wird sich die Tragödie auf mörderische, blutige, unmenschliche Weise zuspitzen. Die ersten Transporte von Ju-

den aus dem Lager Drancy nach Auschwitz beginnen. Jeder einzelne Deportierte rechtfertigt jene, die den Gehorsam verweigert haben.

Die Endlösung hat begonnen, und in Lissabon wirft man einem Menschen vor, außerhalb der Öffnungszeiten Visa ausgestellt zu haben!

Das Leben wird immer schwieriger. Die Hypotheken auf das Haus im Passal vervielfachen sich. Die Hochzeit von Pedro Nuno und Maria Adelaide im Juni 1942 ist das letzte Familienfest.

In Lissabon sieht man die Hausdienerin Fernanda, die immer noch »die Göre« genannt wird, oft zur Kantine der jüdischen Gemeinde gehen, um für Aristides und Angelina etwas zu essen zu holen.

Aristides erschöpft sich in nutzlosen Schritten. Im Sitz des Außenministeriums, in jenem Palacio das Necessidades, in den er 1910 so stolz Einzug gehalten hatte, lässt man ihn warten wie einen Eindringling. »Eines Abends«, wird Fernanda *L'Expresso* erzählen, »kam der Konsul nach Hause zurück, nachdem er den ganzen Tag lang im Außenministerium gewartet hatte. Er legte seinen Hut ab, und noch bevor er sich hinsetzte, sagte er: ›Das gehört sich nicht! Das gehört sich nicht!‹«

An einem anderen Tag, als Fernandas Mann Aristides zum Arzt begleitete, begegnete ihnen das Auto einer hochgestellten Persönlichkeit der Regierung, die Sousa Mendes gut kannte. »Er tat so, als würde er ihn nicht sehen«, berichtet Fernanda, »obwohl der Konsul ihn sehr höflich gegrüßt hatte.«

Später in Cabanas wird Aristides de Sousa Mendes gegenüber Fernandas Mutter Claudina sein großes Bedauern darüber äußern, »dass er der Göre nicht die Zukunft geben konnte, die sie verdient hätte«. »Auch wenn es bitter war, so war doch die

Vergangenheit mit Aristides de Sousa Mendes viel besser als jede andere mögliche Zukunft«, wird Fernanda dies wunderschön kommentieren.

Im Juni 1943 melden sich Carlos, der »Erzbischof«, und Sebastião, der »Amerikaner«, freiwillig bei den amerikanischen Truppen in Europa. Sie sind beide in Berkeley geboren – in den Jahren 1922 und 1923 – und werden die amerikanische Staatsbürgerschaft annehmen. Sie werden nach England geschickt. Carlos bleibt zunächst in London und geht später nach Paris, während Sebastião zwei Tage nach dem D-Day mit dem Fallschirm über der Normandie abspringen wird. Ganz nah bei Avranches!

Salazar schwankt weiterhin zwischen den Achsenmächten und den Alliierten. »Er ist eine unerträgliche Person«, wird Churchill 1943 von ihm sagen. Sein großer Plan soll darin bestanden haben, die Briten und Sowjets auseinanderzubringen, um einen Kompromissfrieden zwischen London und Berlin herbeizuführen.

»Ohne restlos vom künftigen Sieg Deutschlands überzeugt zu sein, hielt Salazar einen vollständigen Sieg der Briten doch für unwahrscheinlich«, schreibt Yves Léonard und er fährt fort: »Es ist eine Tatsache, dass die Deutschen, deren Bild und Popularität in Lissabon sich seit Beginn des Krieges deutlich verbessert haben, immer geschickter vom Antikommunismus des Salazarregimes profitieren, je mehr wertvolle Unterstützung und Sympathisanten sie innerhalb der portugiesischen Regierung und der inneren Kreise der Machthaber haben.«[46]

In diesem Zusammenhang zitiert Yves Léonard eine sehr aufschlussreiche Passage aus Joseph Goebbels' Tagebuch vom 6. März 1943: »Salazar hat eine sehr stark antibolschewistische

Rede gehalten, die aus diesem Grunde nicht veröffentlicht wurde. Er hat diese Rede vor einem kleinen Kreis gehalten. Das genügt aber, um zu folgern, dass nichts Feindliches gegen uns in Portugal unternommen wird, solange Salazar an der Macht bleibt.«[47]

Während die Nazis das Tempo der Mordmaschine in ihren Konzentrationslagern erhöhen, wird die Lage ihrer Armeen immer schwieriger. Am 30. April 1945 verübt Hitler Selbstmord. Neben dem irischen Präsidenten De Valera ist Salazar der einzige Staatschef, der ein Beileidstelegramm schickt, und zwei Tage lang werden die Flaggen in Lissabon auf Halbmast gesetzt. Das hindert Salazar aber nicht daran, am 8. Mai vor der Nationalversammlung zu erklären: »Wir begrüßen den Frieden, wir begrüßen den Sieg.«

An jenem Tag bemächtigt sich eine wirkliche Volksfreude der Hauptstadt. »Der Praça do Rossio war schwarz von Menschen«, schreibt Mário Soares, »und offensichtlich warteten die Leute auf etwas. Es war wie eine Menschenflut. Abertausende Menschen skandierten: ›Sieg! Sieg!‹ […] Und dann schrien sie: ›Tod dem Faschismus, Freiheit für alle politischen Gefangenen‹ und wir überreichten sehr eindeutige Schreiben an die Botschafter der Alliierten. Peinlich berührt antworteten sie mit rein formalen Dankesworten und nahmen unsere Hochrufe sehr kalt auf. Vielleicht wussten sie ja schon, dass sie uns verraten würden!«[48]

Genau wie viele andere glaubt auch Aristides de Sousa Mendes, dass in Portugal ein Wandel möglich ist. Obwohl er im Mai 1945 seinen ersten Schlaganfall erlitten hat, kämpft er weiter. Die »Friedensrede«, die Salazar am 16. Mai hält, schockiert ihn besonders, vor allem, weil der Diktator erklärt: »Was die Flüchtlinge betrifft, so haben wir alles getan, was unsere Pflicht war,

auch wenn es bedauerlich ist, dass wir nicht mehr tun konnten.«
Aristides, der sonst immer so gelassen und wohlwollend ist,
wird wahnsinnig vor Wut.

Vergessen das Rundschreiben Nr. 14!

Vergessen all jene, die die portugiesischen Behörden von den
Nazis deportieren lassen wollten!

Vergessen all das Katzbuckeln vor den Deutschen, die man bloß
nicht abschrecken wollte!

Vergessen das Verfahren wegen Nichtbefolgung unmenschlicher
Anordnungen!

Vergessen die Degradierung!

Sebastião ist nach London zurückgekehrt und besucht von dort
aus seine Eltern in Lissabon. »Ich traf sie auf der Straße vor ihrem Haus an. Wir waren alle drei sehr bewegt, weil sie mich gar
nicht erwartet hatten. Aus Gründen der militärischen Sicherheit
hatte ich ihnen keinerlei Nachricht zukommen lassen. Mir erschienen beide stark gealtert und sehr müde. Mein Vater war
krank gewesen und konnte nur mühsam gehen.«
Sebastião wird seine Eltern nicht mehr wiedersehen, denn er
kehrt erst 1967 wieder nach Portugal zurück. Bevor er abreist,
gibt er seinem Vater ein Versprechen: »Ich werde überall erzählen, was du in Bordeaux getan hast.« Gemeinsam mit Carlos
kehrt er auf einem amerikanischen Militärschiff über Le Havre
zurück. Bald wird er eine Anstellung in einer Bank finden.
Er wird sich auch an die Niederschrift seiner Erinnerungen an
die Aktion seines Vaters machen. *A Flight Through Hell*, das
er 1949 beendet und unter dem Namen Michael d'Avranches
herausgibt – »ein Pseudonym, das so klang, als sei ich selbst ein
Flüchtling gewesen« –, wird das erste schriftliche Zeugnis von
Aristides de Sousa Mendes' Leben sein.

Dieser ist Ende des Jahres 1945 immer noch auf der Suche nach Arbeit. Zwar ist er 1941 wieder in den Anwaltsstand aufgenommen worden, hat diese Funktion aber noch nicht ausgeübt. Er wird übrigens bald wieder ausgeschlossen, da er seine Beiträge nicht entrichtet. Im September und dann wieder im November schreibt César, der nun Botschafter in Südamerika ist, an Salazar, berichtet vom schlechten Gesundheitszustand seines Zwillingsbruders und bittet um dessen Rehabilitierung.

Unter Bezugnahme auf Salazars Rede vom 16. Mai schreibt César im September: »In der Rede, die Eure Exzellenz gehalten haben, gibt es eine Passage, die mich besonders beeindruckt hat, nämlich jene, in der vom Schicksal der Flüchtlinge die Rede ist und von den zahlreichen Kundgebungen menschlicher Solidarität durch das portugiesische Volk. Eure Exzellenz erinnern sich wahrscheinlich noch, dass mein Bruder Aristides den Flüchtlingen die Einreise nach Portugal erleichtert hat. Er hat es einzig aus jenen Gefühlen heraus getan, die für die edle portugiesische Seele so kennzeichnend sind.

Als sein Zwillingsbruder bitte ich Eure Exzellenz, seine Rehabilitierung zu gestatten. Ich möchte Eure Exzellenz beschwören, ihn nicht sterben zu lassen«, heißt es noch, und man ahnt, wie schwer ihm diese Worte gefallen sein müssen.

César wird den Kelch bis zur Neige austrinken.

»Verzeiht mir, Exzellenz«, schreibt er, »wenn ich Euch kränke, aber ich fühle mich als Bruder für ihn verantwortlich und es wäre nicht recht, wenn ich nicht alles versuchen würde, um seine Ehre und wahrscheinlich auch sein Leben zu retten.« César schließt: »Können Eure Exzellenz, als Oberhaupt einer besonders christlichen Regierung, meinem Bruder gegenüber Milde walten lassen, wenn Sie zu bedenken geruhen, welches Leid er erdulden musste und noch erduldet?«

Da er keine Antwort erhält, schreibt César im November noch einmal, kurz nachdem er erfahren hat, dass Salazar das Parlament aufgelöst hat, Neuwahlen ausschreiben und eine Amnestie verkünden lässt. »Ich rufe die Barmherzigkeit Eurer Exzellenz an und bitte um Vergebung für dieses kummervolle Bittgesuch. Mein Bruder war immer großzügig und gut und er hat geholfen, unzählige Menschenleben zu retten. Eure Exzellenz kündigen eine weitreichende Amnestie an. [...] Eure Exzellenz würden eine in höchstem Maße großherzige Tat vollbringen, die Euch sehr zur Ehre gereichen würde, wenn Ihr nicht vergäßet, meinen Bruder in diese Gnade einzubeziehen.«

Im November unterschreibt Aristides gemeinsam mit seinen Kindern Aristides, José, Geraldo und Pedro Nuno eine Petition des neu gegründeten MUD (Bewegung für Demokratische Einheit), das sich zunächst für freie Wahlen einsetzen will. Trotz aller Zusagen der Verantwortlichen gelangen die Namenslisten der Mitglieder und Sympathisanten dieser Bewegung in die Hände der politischen Polizei, die die Familie daraufhin einbestellt. Der Presse wird erneut der Maulkorb angelegt und die Opposition zieht es vor, an den Wahlen im November nicht teilzunehmen. Salazar stützt seinen Wahlkampf vor allem auf seine Neutralitätspolitik im Zweiten Weltkrieg. Auf einem Wahlplakat kann man lesen:
»Portugiesische Frau, wenn dein Mann, deine Brüder, deine Söhne noch leben, wenn sie nicht auf die Schlachtfelder geschickt wurden, dann verdankst du das Salazar! Wenn dein Verlobter nicht in fremden Ländern gestorben ist, unter den Stürmen aus Feuer und Eisen, und wenn du ein glückliches und ruhiges Heim errichten kannst, dann verdankst du das Salazar!«

Die Wahlen im November, bei denen eine sehr hohe Wahlenthaltung festgestellt wird, erlauben es Salazar, seine Macht zu festigen. Die Westmächte überlassen das Land seinem Schicksal. Unterstützt vom Kalten Krieg nutzt Salazar seinen Antikommunismus, um sich ins Lager des Westens zu integrieren. Vor allem, weil der Diktator es ausgezeichnet versteht, seine »Gastfreundschaft« gegenüber den Flüchtlingen, besonders gegenüber den Juden, auszuspielen, um seine Interessen in Washington, London oder Paris zu vertreten.

Ein Diktator, der so viele Menschen gerettet hat, kann doch nicht so schlimm sein, denkt man in jenen Hauptstädten, wo man nichts von jenem Mann weiß, der ein so hohes Risiko eingegangen ist, um den Flüchtlingen zu helfen, von seinen Vorgesetzten verurteilt wurde und nicht einmal eine einfache Rehabilitierung erreichen kann.

Ein Mangel an Information, zweifellos.

Aber auch an gutem Willen, diesen Mann zu hören, diesen Rufer in der Wüste.

Im Dezember 1945 wendet sich Aristides de Sousa Mendes an den Präsidenten der Nationalversammlung. Sein Schreiben ist dieses Mal direkter: Das Rundschreiben Nr. 14 war schlicht verfassungswidrig! Er erinnert daran, dass es darum ging, Visa auszustellen für »Tausende von Menschen jüdischen Glaubens, die aus den besetzten Ländern stammten und schon in Deutschland oder anderswo verfolgt waren. Ich dachte, man dürfe sich nicht an das Verbot halten, ihnen Visa auszustellen«, erklärt Sousa Mendes, »denn ich war der Meinung, dass es dem Artikel 8 der Verfassung widerspräche, welcher die Freiheit und Unverletzlichkeit der Religionsausübung gewährleistet und verbietet, dass jemand ihretwegen verfolgt oder gezwungen wird, seine Religion aufzugeben.«

Hätte man nun aber die Anordnung des Ministeriums befolgt, so hätte man die Leute nach ihrer Religion fragen müssen, um ihnen sodann eventuell das Visum zu verweigern. Und denjenigen, die erwidern, dass diese Verfassung nur für die Portugiesen und nicht für Ausländer gilt, entgegnet Sousa Mendes: »Es geht nicht um ein Recht für Ausländer, sondern um eine Pflicht der portugiesischen Beamten, die weder in Portugal noch in den portugiesischen Konsulaten, die ja auch portugiesisches Territorium sind, das Recht haben, irgendjemanden über seine Religion zu befragen, ohne gegen die Prinzipien der Verfassung zu verstoßen.« Sousa Mendes schließt mit der Hoffnung, dass die Nationalversammlung »in Erfüllung ihrer großen Aufgabe, über die Einhaltung der Gesetze zu wachen«, die ihn betreffende Strafe für null und nichtig erklären wird.

Der ehemalige Konsul geht noch weiter. Er stellt klar, dass er angesichts des Krieges in Europa nicht die Aufmerksamkeit auf das Verhalten anderer Staatsbeamter lenken wollte, die ihrerseits die Anordnungen bedingungslos befolgt haben. Im Übrigen ist er der Meinung, dass jene Beamte, »indem sie eine Haltung einnahmen, die als Kollaboration bei Hitlers Judenverfolgung ausgelegt werden konnte, das Ende der Neutralitätspolitik der Regierung hätten bewirken können«.
Er erträgt es auch nicht, streng bestraft worden zu sein für Taten, die »in Portugal wie im Ausland hohes Lob für die Verwaltung« hervorgerufen haben. »Natürlich zu Unrecht«, schließt er, »denn jene Lobeshymnen sollten eher dem Land und seiner Bevölkerung gelten, deren selbstlose und humanitäre Gefühle sich in umfassender Weise ausgewirkt haben.«
Da er keine Antwort erhält, bittet Aristides de Sousa Mendes den Präsidenten der Republik in einem Schreiben vom 24. Februar

1946 um Intervention: »Die Verfassung der Republik ist nicht faschistisch, die Nationalversammlung ist auch nicht faschistisch. Die Herren Abgeordneten können, wenn sie die Verfassung respektieren wollen, nicht demjenigen die Gerechtigkeit versagen, der eben jener Verfassung gehorcht hat.« Er wird nie eine Antwort erhalten.

Der Stein, den Salazar auf seine Akte gelegt hat, liegt immer noch dort.

Im März 1947 greift erneut César zur Feder. Er ist nun Botschafter in der Schweiz und schreibt an den Außenminister, den er für fähig hält, den Prozess gegen Aristide neu aufrollen zu lassen. Noch einmal beschreibt er das körperliche, moralische und finanzielle Elend seines Bruders, »der nichts mehr besitzt und von Schulden überhäuft ist. Seine Kinder, die an der Universität von Bordeaux studiert haben, mussten ihr Studium unterbrechen, ohne nach Portugal zu können, und zwei von ihnen, die in Amerika geboren wurden, mussten die amerikanische Staatsbürgerschaft annehmen, die sie auf Schlachtfelder geführt hat, von denen sie mit Gottes Hilfe wohlbehalten heimgekehrt sind. Mein Bruder hat aus keinem anderen Grund gehandelt als aus dem Wunsch, Gutes zu tun«, schreibt César abschließend, »und er kann nicht mit einer so beleidigenden und ungerechten Anschuldigung sterben. Unseren Namen, den wir ohne Makel von unseren Eltern geerbt haben, wollen wir ebenso an unsere Kinder weitergeben.«

Aristides und César haben noch immer nicht verstanden, dass Salazar niemals vergeben wird.

Im Jahr 1948 besuchen José und Manuel, Césars Söhne – beide sind im Internat des Akademischen Gymnasiums in Lissabon –, ihren Onkel und ihre Tante in ihrer kleinen Wohnung in

Aristides de Sousa Mendes und seine Frau Angelina in Portugal 1948, kurz vor Angelinas Tod.

der Avenida de Berna. »Es war sehr traurig«, erzählt José heute, »wir waren bedrückt, sie so zu sehen. Sie waren beide sehr krank. Tante ›Gigi‹ litt sehr schwer. Ihr Sohn Luís Felipe half ihnen nach besten Kräften und mit großer Hingabe. Es fehlte ihnen an allem, selbst an Milch für das Frühstück. Dennoch machte Aristides Scherze und erkundigte sich nach unseren Studien, als ob nichts wäre.«

José fährt fort: »Beim Hinausgehen schaute ich Manuel an und er brach in Tränen aus.«

Am 24. August 1948 stirbt Angelina in Lissabon an einem Gehirnschlag.

Die Mutter von vierzehn Kindern stirbt so, wie sie gelebt hat, mit der stolzen Zurückhaltung der Frauen vom Lande, ohne nach Anerkennung für etwas zu streben, das sie als von Gott diktiertes Schicksal empfindet.

»Hätte sie nicht diese tief verwurzelte, dem Landvolk eigene brüderliche Gesinnung besessen, die keine Gemeinheit der Welt zu zerstören vermochte, hätte dann diese Mutter vieler Kinder den Mut aufgebracht, den Konsul in seinem Entschluss zu unterstützen, denjenigen, die Angst und Schrecken säten, entgegenzutreten?«[49]

Als Angelina verscheidet, sind Manuel, vielleicht das Brillanteste von allen, und die kleine Raquel ihr bereits vorausgegangen.

Sie denkt an das große Haus in Löwen, wo sie alle beisammen waren. Und an Bordeaux, an diese verrückte Zeit, in der sie Aristides so nah und zugleich so fern war wie niemals sonst.

Dieser Wahnsinn, den Gott gewollt hat, als Buße, als Wiedergutmachung oder als Segnung, und als deren Folge sie nun aber zahlen und leiden müssen, ohne sich zu beklagen.

In Portugal befinden sich zu diesem Zeitpunkt Aristides, José, Clotilde, Geraldo, Pedro Nuno, Joana, Teresinha, Luís Felipe und João Paulo. Sebastião und Carlos sind in Kalifornien, gerade erst aus der Armee entlassen, Isabel ist mit ihrer Familie in Belgisch-Kongo.

Sechs Wochen später bricht Luís Felipe nach Kanada auf, um sich an der Universität in Laval einzuschreiben. 1949 wandern Joana und Teresinha in die USA aus und siedeln sich bei Carlos in Monterey an. Sebastião lebt in San Fransico.

João Paulo verlässt Portugal im Frühjahr 1950, um ebenfalls nach Monterey zu gehen. Nur kurze Zeit später bricht Pedro Nuno nach Belgisch-Kongo auf und Geraldo wird als Reservist nach Angola abberufen. Clotilde und ihre Familie gehen für drei Jahre nach Mosambik.[50]

Bei Júlia Nery heißt es:

>Schon seit langem lebte seine Frau in einer Art zeitlosem Koma, hinter einem Paravent, der sie vom Leben trennte. Ihr Reich war das Haus gewesen. Mit den Gemeinheiten der Welt kaum vertraut, hatte sie nie gelernt, die dornigen Knoten der weltlichen Konflikte zu lösen oder das Gift der politischen Intrigen zu schlucken. Ihr Geist war schwach geworden, und ihr Körper, ungleich dem ihres Mannes, hatte den Widerstand aufgegeben. Sie hatte keine Kraft mehr, auf die Rückkehr der glücklichen Tage zu hoffen.<[51]

Ohne Bordeaux, ohne den Wahnsinn der Menschen, den Lärm des Krieges, die Barbarei der einen und die Feigheit der anderen; ohne den Heldenmut einiger weniger wären sie alle noch dort gewesen, im Haus in Cabanas, mit ihren Kindern, und Angelina hätte die Welt verlassen können mit der schlichten Befriedigung, so gelebt zu haben, wie es sich gehörte.
An wen und an was dachte Angelina de Sousa Mendes do Amaral e Abranches, Nachfahrin des persönlichen Sekretärs von König João Vl., als sie ihren letzten Seufzer tat?

Der Tod eines Gerechten

»Obwohl ich die Dinge dieses Lebens ein wenig vergessen habe, bin ich doch noch nicht so weit, dass ich mich für nichts mehr interessiere, denn es gibt ja noch viele Menschen, Kinder und Enkelkinder, die ich liebe und die auch an mich denken.«
Mit diesen enttäuschten Worten antwortet Aristides am 26. Juli 1950 seinem Bruder César auf dessen Glückwünsche zum Geburtstag. Gleichwohl hat er noch nicht alle Hoffnung verloren, dass sich seine Lage verbessert, denn er bittet seinen Zwillingsbruder herauszufinden, was sich hinsichtlich einer möglichen Amnestie entwickelt.
Einige Tage später dankt Aristides César in einem erneuten Schreiben für seine Bemühungen und kündigt an, dass er an den König von Belgien schreiben wird, von dem er hofft, »dass er sich für jemanden interessieren wird, der den Belgiern ohne weiteren Lohn so große Dienste geleistet hat«.
Und in einem weiteren Brief an César aus demselben Jahr heißt es: »Pedro Nuno, Marie Adelaide und ihre Kinder sind in einer schwierigen Lage, mein Gehalt wurde für die Bezahlung ihrer Schulden einbehalten und deshalb frage ich dich, ob du ihnen vielleicht helfen kannst. Ich habe an Sal [Salazar] geschrieben, der mir antworten ließ, dass er meinen Brief an C. M. [den Außenminister Caciro da Maia] weitergeleitet habe.«
Alle diese Briefe sind aus Cabanas do Viriato datiert, wo Aristides seit Angelinas Tod mit Andrée Cibial lebt, die er am

16. Oktober 1949 in der Kirche San Juan im spanischen Salamanca geheiratet hat.

An jenem Tag hat sich Andrée ihren Traum erfüllt. Sie hat das Ziel erreicht, das sie sich in ihrer Kindheit gesetzt hat: einen Konsul zu heiraten. Auch wenn dieser nur ein Pensionär mit gekürztem Gehalt ist, der allein in seinem viel zu großen Haus lebt. Auch wenn er von vielen Angehörigen gemieden wird. Auch wenn er jetzt für seine Auslandsreisen die Genehmigung der Behörden braucht wie ein simpler Saisonarbeiter und die Zeit jener diplomatischen Posten im Ausland, deren Namen allein zum Träumen bringen, vorbei ist: San Francisco, Porto Alegre, Maranhão, Antwerpen, Sansibar.

Doch es macht nichts. Sie ist Frau Konsul und schenkt ihm ihre große Liebe und ihre Verrücktheit. Und eine große Hingabe.

Er ist krank und hat Schmerzen im rechten Arm, der seit seinem Schlaganfall gelähmt ist. Sie wohnen in Cabanas oder in der Rua Filipe da Mata in Lissabon. »Alles hatte sich verändert«, erzählt die »Göre«, »man sah ihn spazieren gehen, auf sie gestützt, den Arm angewinkelt, und er wollte noch immer mit allen Leuten reden.« Fernanda glaubt, dass Aristides' Tragödie »kälter, langsamer, quälender und brutaler war als jeder Autounfall«.

Vor allem, weil ihn das Regime weiterhin mit administrativen Schikanen verfolgt. Obwohl er nur ein Wort zu sagen braucht, damit Aristides sein Leben in Ruhe beenden kann, will Salazar ihm immer noch nicht vergeben.

Seine Rachsucht wird unsterblich sein.

Kardinal Cerejeira, der Erzbischof von Lissabon, den Aristides gebeten hatte, zu seinen Gunsten bei Salazar zu intervenieren, und der einer der wenigen Vertrauten des Diktators ist, gibt ihm folgende Antwort: »Beten Sie lieber zur Muttergottes von Fatima.«

Man denkt an eine Fabel von La Fontaine, *Die weltflüchtige Ratte*:

»Nichts kann ich euch geben als nur mein Gebet,
das gern für die Ratten zum Himmel fleht.
Und ich hoffe, er wird euch nicht vergessen.
Mehr kann ich beim besten Willen nicht tun.«
Und sie zog sich zurück, um sich vollzufressen
und hinterher sich auszuruhn.

Salazars Haltung gegenüber Aristides de Sousa Mendes erinnert dagegen an eine Passage aus dem Buch von Julien Benda, *Der Verrat der Intellektuellen*:
»Tolstoi erzählt, dass er, als er Offizier war, einen Kollegen sah, der einen Mann schlug, welcher aus der Reihe getanzt war. Er sagte zu ihm:
›Schämen Sie sich denn nicht, einen Menschen so zu behandeln? Haben Sie denn nicht das Evangelium gelesen?‹
Jener antwortete:
›Haben Sie denn nicht das Militärreglement gelesen?‹«[52]

Aristides ist immer noch gezwungen, bei der politischen Polizei Genehmigungen einzuholen: um nach Spanien zu reisen, um Andrée zu heiraten oder um ihr zu gestatten, zu ihm nach Portugal zu ziehen. Zu Beginn der Fünfzigerjahre, als sich die westliche Welt darauf einstellt, eine ihrer großartigsten wirtschaftlichen und sozialen Revolutionen zu erleben, scheint Portugal im Abseits zu stehen, vom Fortschritt abgeschirmt durch einen moralisierenden Diktator, der Moral nicht erträgt, und dem Machiavelli lieber ist als der Apostel Paulus.

Die Präsidentenwahl im Jahr 1949 – dem Jahr, in dem Portugal der Nato beitritt – ist nichts als Augenwischerei. Der Kandidat der Opposition, der General Norton de Matos, zieht sich noch vor Beginn der Wahlen zurück, um gegen deren Regelwidrigkeit zu protestieren. ›Gewählt‹ wird der offizielle Kandidat, Marschall Carmona.

Wenn auch Historiker wie Jacques Marcadé behaupten, dass der Salazarismus in den Fünfzigerjahren tot war, und auf die feinen Risse verweisen, die sich in diesem Gebäude in jenen Jahren zeigten, so hat doch der Diktator sein Land immer noch fest in der Hand, verschärft die Repression und schickt die meisten Oppositionellen ins Exil.

Mehr und mehr isoliert empfängt er von der Welt nur noch über seine engsten Mitarbeiter gedämpfte Echos. »Er hatte keinerlei Kontakt mehr zu der neuen Generation«, meint heute Adriano Morreira, der unter ihm Kolonialminister war. »Ich erinnere mich an ein Gespräch mit ihm, in dem es um Rassismus ging. Als ich einen Roman von Fanon[53] erwähnte, antwortete er mir zu meiner großen Überraschung: ›Ich habe schon seit zwanzig Jahren keinen Roman mehr gelesen.‹«

Er wird niemals einen Schritt zugunsten von Aristides de Sousa Mendes unternehmen.

Die Zeugnisse über Aristides' letzte Lebensjahre weichen stark voneinander ab, aber alle Zeugen jener Zeit scheinen in einem Punkt übereinzustimmen: Auch in den härtesten Zeiten, in denen er am meisten gedemütigt wurde und sich am stärksten ausgegrenzt fühlte, betrachtete der »Herr Konsul« das Leben mit Wohlwollen.

»Ich habe meinen Onkel in Mangualde wiedergesehen«, erzählt José, ein Sohn Césars. »Er kam mir sehr gelassen vor und neckte

Andrée liebevoll. Er hatte großen Abstand zu allem, als wenn er von all dem selbst gar nicht betroffen wäre.«

In Cabanas trägt er dieselben Kleider wie früher, genauso elegant, wenn auch abgenutzt, und er hat immer noch seinen »Diplomatenhut« auf dem Kopf.

Die Geldprobleme, die für ihn nichts Neues sind, werden jeden Tag schlimmer. Rechnen konnte er noch nie und Andrée noch weniger. Sie haben noch mehr gemeinsam, zum Beispiel die Liebe zur Musik. Andrée war keine Hausfrau, sie hat ja auch nie ein Haus gehabt, sagt ihre Tochter Marie-Rose ironisch. »Und doch«, fügt sie hinzu, »erzählte sie mir immerfort von dem großen und schönen Haus, in dem wir eines Tages alle drei wohnen würden.«

Ein Beispiel für die Armut und zugleich für die relative Heiterkeit, die in Cabanas herrschte: Eines Abends erwarten Aristides und Andrée ihre verbliebenen Freunde zum Essen. Alle sind schon da. Nur Andrée, die von der Zeit eine noch ungenauere Vorstellung hat als vom Geld und die alles verabscheut, was wie eine Verpflichtung aussieht, fehlt noch. Als sie merkt, dass sie kein Kleid hat, das ihr gefällt, nimmt sie einen Vorhang aus rotem Velours, wickelt sich darin ein und geht hinunter zu ihren Gästen. »Sie sah reizend aus«, wird Aristides später zu Marie-Rose sagen.

José Fidalgo, der Taxifahrer von Cabanas, kam praktisch jeden Abend, um Aristides und Andrée abzuholen und sie nach Viseu oder anderswohin zu bringen. »Eines Tages hörten sie während der ganzen Fahrt nicht auf zu lachen«, erzählt er. »Sie sagte, dass sie schwanger sei! Ich höre noch ihr Lachen im Wagen hallen.«

Einige Wochen später hat Andrée eine Fehlgeburt.

Manchmal macht Aristides noch Spaziergänge durchs Dorf, aber sie werden immer kürzer. Lange hält er sich beim Apotheker José Borges Dinis auf, mit dem er ausführliche Gespräche führt.

Die Leute in Cabanas mögen Andrée nicht sehr. Sie nennen sie »die Ausländerin«, »die Französin« und machen sie für das ganze Unglück der Familie verantwortlich. So werfen sie ihr vor, Aristides de Sousa Mendes ruiniert und Stück für Stück die Möbel aus dem Passal verkauft zu haben.

Und es stimmt, dass sich das Haus allmählich leert. Doch das liegt nicht an Andrée. Aristides steckt tief in Schulden und weiß nicht mehr, was er tun soll. Die Banken werden immer ungeduldiger. Ein Antiquitätenhändler aus Porto kommt, um einen der Flügel zu kaufen. Und dann den anderen. Ein Zimmer nach dem anderen entleert sich seiner Möbel.

»In der Zeit der fetten Kühe haben sich alle auf seine Kosten satt gegessen, aber eben: Wer gibt, was er hat, wird selber nicht satt.«[54]

Marie-Rose lebt bei ihrem Onkel und ihrer Tante in Ribérac. Zuweilen kommt ihre Mutter zu Besuch, aber immer unangemeldet und immer ohne Geld. Manchmal sogar ohne ihre Koffer, die sie in einem Hotel lassen musste, da sie ihre Rechnung nicht bezahlen konnte. Marie-Rose sagt man nur, dass ihr Vater ein portugiesischer Diplomat sei, der bestraft wurde, weil er seiner Regierung nicht gehorcht hat. Niemand erzählt ihr etwas von den Rettungstaten in Bordeaux. Marie-Rose lebt ihr Kinderleben, geschützt von Onkel und Tante, fern von einer so unmütterlichen Mutter und von ihrem legendären Vater.

Bei ihrer Kommunion im Jahr 1951 begegnet sie ihm zum ersten Mal. Sie erzählt:

»Es war eine schöne Überraschung! Er sprach so gut Französisch, mit einem kleinen portugiesischen Akzent, er war freundlich und aufmerksam und schaute sich meine Schulhefte an.«

Zweimal sollte Aristides wiederkommen.

Er schien diesen Ort sehr zu schätzen. Und die Stille, die dort herrschte. »Er hatte mir einen Plattenspieler geschenkt und ich erinnere mich daran, dass er ein Lied von damals trällerte, ich glaube es war *J'attendrai* [Tag und Nacht wart' ich auf dich ...] von Maria Candido«, vertraut uns Marie-Rose an.

Aristides liebt es, seine Tochter zur Schule zu begleiten, ihre Klassenkameradinnen zu treffen und sie später wieder abzuholen, auch wenn der Weg weit ist und er immer größere Mühe mit dem Gehen hat. »Er sprach immer nur von der Gegenwart, niemals von dem, was er in Portugal getan hatte«, sagt Marie-Rose, die sich auch daran erinnert, dass er immer dunkel gekleidet war und jeden Tag am frühen Nachmittag einen Rosenkranz aus seiner Tasche holte und lange betete.

Anfang 1952 fragen Aristides und Andrée die inzwischen zwölf-jährige Marie-Rose, ob sie bei ihnen in Portugal leben möchte. »Ich habe Nein gesagt, denn mein Leben war hier, bei meiner Tante und meinem Onkel, die mich aufgezogen hatten. Aber ich habe viel geweint«, erklärt sie heute. Man kann sie verstehen. Wie soll man sein Heim verlassen, um mit einer Mutter zu leben, die immer gegen den Strom schwimmt?

»Mein Vater war liebevoller als meine Mutter«, gibt Marie-Rose zu. Nicht ohne mit beträchtlicher Scham und schließlich auch mit großer Zärtlichkeit von jener komischen Mutter zu sprechen, »die so viel Fantasie hatte, dass sie überhaupt keine Bücher benötigte, wenn sie mir an den Abenden, an denen sie da war, Geschichten von Astronauten erzählte, die auf dem Mond lebten«.

Wenn Andrée Marie-Rose niemals etwas von den Ereignissen in Bordeaux erzählt hat, so hat sie ihr doch immer davon berichtet, dass ihr Vater von Salazar ungerecht bestraft worden sei und dass sie es einmal beweisen würde. Andrée wird bis zu ihrem Tod kämpfen, um eine Rehabilitierung zu erwirken, wobei sie sich mit Anwaltskosten ruiniert.

Ende 1952 erleidet Aristides einen erneuten Schlaganfall und muss sich einer Operation unterziehen.

Das Leben wird von nun an immer schwieriger.

Mit Andrée lebt er in einem Zimmer im ersten Stock, fast immer eingeschlossen. Von Zeit zu Zeit kommt jemand aus dem Dorf, um ein wenig aufzuräumen. Dreimal in der Woche kommt der Friseur José Fernandes de Campos Melo, um Aristides zu rasieren. Er erinnert sich:

»Das Haus war immer noch beeindruckend, aber es leerte sich nach und nach. Der Konsul war immer noch freundlich und er machte sogar noch Scherze, obwohl er immer stärker beeinträchtigt war.

Nachdem die Stilmöbel, die Flügel, die Tische und die Bibliotheken verkauft worden waren, entledigte man sich der Betten, der Sessel, der Stühle. Und schließlich waren sie, um sich etwas zu essen kaufen zu können, auch gezwungen, Badewannen, Spülen, Leitungsrohre und Gardinenstangen zu versetzen.«

Antonio, Geraldos Sohn, erinnert sich an eine sehr peinliche Szene: »Ich war noch ganz klein; wir waren mit meiner Mutter nach Cabanas gekommen, um meinen Großvater zu besuchen und ein Päckchen Kuchen zu bringen. Wir haben an die Tür geklopft. Keine Antwort. Wir haben immer stärker geklopft. Meine Mutter wollte schon die Polizei holen. Nach einiger Zeit sah ich an einem Fenster im ersten Stock etwas wie einen Schatten – ein Mann mit ganz weißen Haaren schaute vorsichtig heraus. Meine Mutter zeigte die Kuchen. Einige Minuten später öffnete jemand die Eingangstür, eine Hand glitt nach draußen, griff nur das Kuchenpaket und schloss die Tür wieder. Das war alles.«

Ein Dokument aus dem Januar 1953 belegt, dass Andrée alles, was sich noch im Haus befand, für insgesamt 15.000 Escudos[55] verkaufte. Die Banken setzen Fälligkeitsfristen. Um zu heizen, sind Andrée und Aristides gezwungen, zu verbrennen, was noch da ist. Fernanda, die »Göre«, wird sagen: »Der Herr Konsul ist an Hunger und Kälte gestorben. Er versuchte, die Türrahmen aus dem Palast zu verbrennen, als er schon keine Kraft mehr in den Armen hatte, um die Holzstücke ins Feuer zu werfen.«
Er ist gelähmt und kann kaum noch schreiben. All seine letzten Briefe wurden nicht von seiner Hand geschrieben, wahrscheinlich von Andrée. Er konnte sie gerade noch unterschreiben. »Ich hoffe sehr, dass ich dich in Afrika besuchen kann«, schreibt er Pedro Nuno, der im Kongo ist und dem er ein Foto schickt.
Er versucht einen Brief an César zu schreiben. Die Schrift ist die eines fünfjährigen Kindes. Sie ist unleserlich. Man kann nur entziffern: »Ich habe in diesen Tagen viele Opfer gebracht.«
Aristides will noch einmal nach Ribérac reisen.
Marie-Rose, ihr Onkel und ihre Tante holen ihn Ende Februar in Périgueux ab. Mit dem Taxi fahren sie nach Ribérac. »Seine ganze rechte Seite war gelähmt«, erinnert sich Marie-Rose. »Bei Tisch konnte er nur mühsam mit Messer und Gabel essen. Er musste eine Hand mit der anderen nehmen und die Gabel zum Mund führen. Er schlief bei Tisch ein und fiel nachts aus dem Bett. Tagsüber ging er ganz vorsichtig mit einer Krücke, sein rechtes Bein war völlig steif.«
Sein Gesundheitszustand verschlechtert sich mit jedem Tag. Man bringt ihn in Ribérac zu einem Arzt. Dann bleibt er einige Zeit bei Andrées Bruder in Angoulême.
Ende März beschließt er, nach Lissabon heimzukehren. Auch wenn ihm sein Land Böses zugefügt hat, will er doch dort sterben.

In der Hauptstadt bringt man ihn ins Hospital von Ordem Terceiro de San Francisco, das vom Dritten Franziskanerorden geführt wird – ein großes Gebäude im Chiado-Viertel. Aristides fühlt sich, ebenso wie César, stark zum heiligen Franziskus und dem Orden hingezogen, den dieser gegründet hat. César hatte sogar erwogen, sich in diesen Orden zurückzuziehen, wie manche Briefe bezeugen. Aristides war womöglich sogar dem Dritten Orden des heiligen Franziskus in Löwen beigetreten, aber nachweisen kann man es nicht.

Am Samstag, dem 3. April 1954, stirbt Aristides de Sousa Mendes am Nachmittag an den Folgen eines erneuten Schlaganfalls und einer Lungenentzündung. Andrée ist bei ihm, ebenso Josés Mutter, Césars Frau, eine seiner Schwestern und eine seiner Cousinen. Als Leichenhemd legt man ihm das härene Gewand der Franziskaner an.

Das letzte Foto von
Aristides de Sousa Mendes,
entstanden im Jahr 1954.

Pater Cuthbert schließt seine Biografie des heiligen Franziskus von Assisi mit folgenden Worten: »Er war nicht von dieser Welt, aber diese Welt liebte ihn doch und verehrte ihn auf unbeholfene Weise, bei seinem Tode genau wie zu seinen Lebzeiten; aber während die Welt sich so ungeschickt verhielt, gab es doch Menschen, und zwar in großer Zahl, die seinen Geist liebten und ihn verstanden. Er hatte nicht umsonst gelebt.«[56]

»Er ist dort gestorben, wo er auch geboren wurde«, schluchzt Fernanda, »nur dass er in einem Palast geboren wurde und im Elend gestorben ist. Es ist, als würde man Christus zum zweiten Mal töten.«

Am Sonntag darauf wird sein Leichnam in der Kirche São Sebastião de Pedreira aufgebahrt. Fast niemand ist da für die Totenwache. Ein Mitglied der Familie reist schnell nach Mangualde, um César zu benachrichtigen. Man fürchtet, er könne den Tod seines Zwillingsbruders nicht verkraften.

Dann wird der Sarg per Zug nach Cabanas gebracht.

Am Bahnhof von Oliverinha wird er auf das Feuerwehrauto gelegt, das ihn bis zur Dorfkirche bringt. Welch ein seltsames und wunderbares Symbol ist dieser feuerrote Hudson Supersix, den belgische Freunde Aristides' dem Dorf Cabanas nach dem Krieg geschenkt haben. Auf der Motorhaube steht der Satz: *Uma vida por uma vida* – Ein Leben für ein Leben. Die Totenmesse wird in der Dorfkirche gelesen, gleich gegenüber vom Passal.

In sein Tagebuch schreibt José: »Möge Gott die Seele von Onkel Aristides retten.«

Am 5. April erhält César eine Karte von Antonio de Oliveira Salazar.

Darauf steht nur ein Wort. –

»Beileid.«

Ein Baum in Jerusalem

Am 21. Februar 1961 wird in der Allee der Gerechten[57] in Jerusalem zu Ehren Aristides de Sousa Mendes' ein Baum gepflanzt. Am 13. März 1988 beschließt die portugiesische Nationalversammlung einstimmig seine Rehabilitierung.

Achtundvierzig Jahre nach den Ereignissen von Bordeaux!

Ohne die Hartnäckigkeit, die Liebe und die Solidarität einer Familie, die gleichwohl über die ganze Welt verstreut war, ohne die Tugend einer Handvoll Getreuer wäre das Gedächtnis des Konsuls von Bordeaux vielleicht niemals geehrt worden.

Pedro Nuno ist es, der als Erster den langen Weg bis zur Rehabilitierung seines Vaters beschreitet. Als jener starb, war er gerade in Belgisch-Kongo, und in der belgischen Kolonialverwaltung gibt es jemanden, der von der Aktion des Konsuls von Bordeaux gehört hat. Pedro Nuno kennt ihn, und beide sorgen dafür, dass ein Lokalblatt, das *Pourquoi pas*, einen Artikel über Aristides' Tod schreibt.

Weit, sehr weit weg von Bordeaux und Lissabon erscheint also Ende April 1954 eine erste Würdigung.

Unter der Überschrift »Ein großer Freund Belgiens ist gestorben« geht die Zeitung auf die Karriere des ehemaligen Konsuls in Antwerpen ein und berichtet auch über seine Aktion in Bordeaux zu Beginn des Krieges, bevor sie wie folgt schließt:

»Alle, die ihn gekannt haben, werden den Tod dieses großherzigen Menschen tief empfinden. Eine unauslöschliche Erinnerung wird in ihren Herzen eingegraben bleiben.«

Das ist nicht eben viel, gerade mal ein paar Zeilen in einer Zeitung am Ende der Welt. Aber es genügt, dass die kleine Flamme nicht erlischt.

Sebastião, der »Amerikaner«, übernimmt den Stab. Schon 1948, als seine Mutter starb, hatte er seinem Vater versprochen, dass er der Welt einmal erzählen werde, was dieser 1940 in Bordeaux getan habe. Jeden Abend nach seinem Arbeitstag in einer amerikanischen Bank schreibt er an *A Flight Through Hell*, worin er in romanhafter Form, aber leicht durchschaubar, erzählt, was sein Vater und er selbst erlebt haben. »Alles, was du aufgeschrieben hast, stimmt«, sagt ihm sein Vater nach der Lektüre des Manuskripts.

Im Mai 1954, einen Monat nach dem Tod seines Vaters, schreibt Sebastião: »Heute sind die Flüchtlinge von einst wahrscheinlich noch am Leben und sehr glücklich und denken kaum noch an jene tragischen Tage der Vergangenheit. Damals wussten sie nicht, dass ein einziger Mann an sie gedacht und sie gerettet hat, und sie wissen es wohl immer noch nicht.

Der Mann, der alles geopfert hat, was er je besaß, ist heute tot und begraben und vergessen. Er hat nichts bedauert, denn er starb als wahrer Christ.

War er ein großer Mann?

War er verrückt, weil er einen so großen Mangel an Selbsterhaltung gezeigt hat?

Die Antwort muss jeder von uns selbst geben, wenn er über ihn urteilt.

Das alles weiß ich und noch viel mehr. [...] Ich war oder besser: Ich bin sein Sohn. Ich bin jedenfalls stolz auf die Tatsache und das Glück, von solch einem Manne abzustammen.«

Welcher Vater hätte es wohl nicht gern, dass sein Sohn solche Zeilen über ihn schriebe?

Dann ist Joana an der Reihe. Mithilfe ihrer Schwester Teresinha nimmt sie in den Vereinigten Staaten Kontakt zu einigen geflüchteten Juden auf, die Sousa Mendes gerettet hat. Und sie schreibt vor allem an den israelischen Ministerpräsidenten David Ben-Gurion[58], um ihm von den heroischen Taten ihres Vaters im Krieg zu berichten.

Die Verantwortlichen von Yad Vashem in Jerusalem werden mit einer Untersuchung beauftragt.

Dieses Zentrum, das in den Fünfzigerjahren geschaffen wurde, um die Erinnerung an die Shoah wachzuhalten, ist sowohl ein Studienzentrum wie eine Gedenkstätte. Hier wird Nichtjuden, die während des Krieges Juden gerettet haben, nach eingehenden Nachforschungen der Titel »Gerechter unter den Völkern« verliehen.

Im Jahr 1961, als sie schon die Hoffnung verloren hatten, erhalten Joana und Teresinha einen Brief von den israelischen Behörden, in dem man ihnen mitteilt, dass zu Ehren ihres Vaters in Yad Vashem ein Baum gepflanzt werde. Das geschieht am 21. Februar.

Danach erscheinen mehrere Artikel in der amerikanischen Presse, vor allem im *Reader's Digest* vom März 1963, in dem George Kent Sousa Mendes in einer Liste von Personen aufführt, die während des Krieges Juden gerettet haben.

In der Zeitschrift *Jewish Life* beschließt Harry Ezratty seinen Artikel »Der portugiesische Konsul und die 10.000 Juden« mit folgenden Worten:

»Doch diese Juden, die heute dank seines Opfers noch leben, sind selbst eine Würdigung seiner Aktion. Wenn sich jeder von

Yad Vashem, Gedenktafel für Aristides de Sousa Mendes,
»Gerechter unter den Völkern«.

ihnen an den Menschen erinnert, der ihm geholfen hat, und
ein Leben führt, das von den Prinzipien des Sousa Mendes beeinflusst ist, dann hat er mehr getan, als Sousa Mendes sich je
erträumt hat.«

1966 lässt Yad Vashem eine Gedenkmedaille prägen: »Für Aristides de Sousa Mendes, das dankbare jüdische Volk«, was als
größte Würdigung durch diese Institution angesehen werden
kann. Auf der Rückseite der Medaille steht die Inschrift: »Wer
ein Menschenleben rettet, rettet die Menschheit.« Im israelischen Konsulat in New York wird im Beisein von Joana, Sebastião, João Paulo, der nun John Paul Abranches heißt, Teresinha
und Luís Felipe eine Zeremonie abgehalten.

In den Vereinigten Staaten und in Kanada werden die Bemühungen fortgesetzt. Sebastião, John Paul, Joana, Teresinha, José, eben alle »Amerikaner« aus der Familie, kämpfen weiter. Sie sind nicht mehr allein.

Sie sammeln alle Zeugnisse, die sie bekommen können. Von Unbekannten ebenso wie von Persönlichkeiten wie Otto von Habsburg, der Großherzogin von Luxemburg und Charles Oulmont.

Und natürlich auch vom Sohn und der Tochter Rabbi Krügers. Dreißig Jahre danach sind die Kinder Sousa Mendes und die Kinder Krüger vereint und arbeiten zusammen, wie es ihre Väter im Jahr 1940 taten. Unterstützung erhalten sie vor allem von einem amerikanischen Senator portugiesischer Herkunft, Tony Coelho.

Rabbi Chaim Krüger, der israelische Generalkonsul Michael Arnon und João Paulo de Sousa Mendes, New York 1967.

Im Juni 1986 initiiert John Paul eine Petition zur Rehabilitierung von Sousa Mendes, die 2.800 Personen unterschreiben, die in der *New York Times* veröffentlicht und an die portugiesischen Behörden geschickt wird. 1987 nimmt das amerikanische Abgeordnetenhaus, auch diesmal auf Betreiben von Tony Coelho, eine Resolution an: »*Paying special tribute to Dr. de Sousa Mendes for his extraordinary acts of mercy and justice during World War II.*« Der Abgeordnete Robert Jacobvitz erhält in dieser Angelegenheit einen Brief von Ted Kennedy persönlich, in dem dieser ihm mitteilt, dass er »Mitinitiator« dieser Resolution sei und dass er für jede weitere Aktion zu Ehren von Sousa Mendes zur Verfügung stehe.

Otto von Habsburg schreibt seinerseits am 16. September 1986 diesen Brief an Antonio, den Enkel Aristides de Sousa Mendes': »Ich möchte Ihnen noch einmal schriftlich mitteilen, dass ich ihrem Großvater auf ewig dankbar sein werde. Er war ein großer Gentleman, ein Mann von bewundernswertem Mut und Integrität, der seinen Grundsätzen treu blieb, ohne dabei an seine persönlichen Interessen zu denken.

In einer Zeit, in der viele Menschen feige waren, war er ein wirklicher Held des Abendlandes. Sie können auf Ihren Großvater sehr stolz sein.«

Noch im Jahr 1986 begibt sich eine amerikanische Delegation nach Lissabon, der auch Tony Coelho angehört, um dort ein neues Handelsabkommen zwischen den USA und Portugal zu unterzeichnen. Man kann sich die Überraschung der portugiesischen Regierungsvertreter vorstellen, als ihre amerikanischen Gesprächspartner am Rande der fachlichen Verhandlungen darauf bestanden, dass Sousa Mendes in seinem Land geehrt würde.

Und so kommt es, dass über diesen sonderbaren Umweg am 24. Mai 1987 in der portugiesischen Botschaft in Washington der erste offizielle Akt der Rehabilitierung Aristides de Sousa Mendes' vollzogen wird. An jenem Tag verleiht Mário Soares, der damalige Präsident der Republik, Sousa Mendes postum den Freiheitsorden.

Es soll aber noch bis zum 13. März 1988 dauern, ehe das Parlament in Lissabon Aristides de Sousa Mendes offiziell rehabilitiert. Fast fünfzig Jahre nach der Rettungstat von Bordeaux, aber auch vierzehn Jahre nach dem Sturz der Diktatur!

Wie soll man dieses Zögern des neuen Regimes erklären, das aus der Nelkenrevolution[59] vom April 1974 hervorgegangen ist? Die für den Sturz der Diktatur Verantwortlichen sind meist zu jung, um sich an die Zeit des Krieges zu erinnern. Andere, die politisch sehr aktiv sind wie Alvaro Cunhal oder Mário Soares, haben Aristides de Sousa Mendes nicht gekannt, der ja niemals zur politischen Opposition des Salazarregimes gehört hat. Für sie ist er bloß ein aristokratischer Monarchist, der niemals im Gefängnis gewesen oder ins Exil geschickt worden ist.

Die Folge ist, dass Mário Soares, der Außenminister der ersten demokratischen Regierung, niemals auf die Briefe, die ihm Joana schickt, antwortet. Sein Nachfolger, der Hauptmann Melo Antunes, ist der Sache gegenüber aufgeschlossener und beauftragt im Mai 1976 Nuno Alvares Adrião de Bessa Lopes, einen neunundfünfzigjährigen Diplomaten, dessen Karriere durch das alte Regime zerstört worden ist, sich mit dem Fall Sousa Mendes zu befassen. Das Erste, was Bessa Lopes unternimmt, ist, das Dossier zu suchen und wieder öffnen zu lassen, das im Panzerschrank des Außenministeriums versiegelt wurde, also den Stein wegzurollen, den Salazar davorgewälzt hatte.

»Zwei Wochen lang hat er praktisch Tag und Nacht die Hunderte von Seiten des Dossiers durchgearbeitet«, erzählt heute seine Tochter Isabel Fereiro, »und dann sagte er mir: ›Man muss das Gedächtnis eines Helden rehabilitieren, der so etwas getan hat und dabei das Risiko einging, sein Leben und das seiner Familie zu zerstören.‹«

Bessa Lopes schreibt einen langen Bericht. Er bestätigt zunächst, dass ein Gesetz existiert, das die sofortige postume Reintegration Sousa Mendes' gestattet, und dass alle Dokumente für seine Rehabilitierung sprechen. »Aristides de Sousa Mendes hat es nicht überall ausposaunt, er hat aus den Diensten, die er geleistet hat, kein Geschäft und keine Show gemacht«, schreibt Bessa Lopes und fügt hinzu: »Seine Familie hat zuerst gehofft, dass die Niederlage des europäischen Faschismus die Rehabilitierung Sousa Mendes' ermöglichen würde, und hat dann geglaubt, dies würde nach dem Ende des portugiesischen Faschismus geschehen.«

Bessa Lopes ist auch empört darüber, dass es aus jener Zeit Dokumente gibt, die beweisen wollten, die Familie Mendes stamme von Juden ab, die 1497 zum Christentum konvertiert seien. Bessa Lopes schreibt: »Sousa Mendes konnte den Krallen der neuen Inquisitoren nicht entgehen, deren Kunst darin bestand, moralisch zu vernichten, Intrigen zu spinnen, das Gewissen und das Ansehen zu beschmutzen und die öffentliche Meinung zu manipulieren.«

Seine abschließenden Worte lauten:

»Aristides de Sousa Mendes wurde verurteilt, weil er sich geweigert hat, zum Komplizen der Kriegsverbrechen der Nazis zu werden. Darin lagen der Sinn und die menschliche Tragweite seines Ungehorsams.«

Bessa Lopes wird nicht mehr persönlich erleben, dass seine Bemühungen von Erfolg gekrönt werden, denn er stirbt 1982. Sei-

ne Tochter erzählt, er habe zwei Wochen vor seinem Tod noch
gesagt, man müsse diesen Helden unbedingt rehabilitieren.

Doch das hieße, die Feigheit und den Konformismus des Appa-
rats vergessen. So hält es etwa der Generalsekretär des Außenministeriums im Jahr 1977 nicht für opportun, Sousa Mendes
zu rehabilitieren. Wenn man das tue, sagt er sinngemäß, rehabi-
litiere man jemanden, der ungehorsam war, und diskreditiere
damit all jene, die gehorcht haben! Allerdings.
Und so dauert es noch bis zum 13. März 1988, bis das Abgeordnetenhaus für die Rehabilitierung votiert. Einstimmig.

In der ganzen Welt mehren sich die Gesten der Anerkennung. In
der Negev-Wüste wird ein Wald mit 10.000 Bäumen nach Sousa
Mendes benannt, ebenso ein Platz in Tel Aviv. In Portugal gibt es

Weltweit werden Straßen nach Aristides de Sousa Mendes benannt, so auch im 22. Wiener Gemeindebezirk.

heute acht Sousa-Mendes-Straßen sowie eine Grundschule mit seinem Namen in Povoa de Santa Iria, einem Vorort von Lissabon. Und hat man nicht sogar daran gedacht, die neue Brücke über den Tejo bei Lissabon nach ihm zu benennen? In Montreal wird seine Geschichte auf einer Gedenktafel an einem Kinderspielplatz wiedergegeben.

Mehr als fünfzig Jahre hat es gedauert, bis die Stadt Bordeaux Aristides de Sousa Mendes gewürdigt hat. Dieser lange Kampf um die Gerechtigkeit wurde von einem außergewöhnlichen Menschen geführt: dem Pater Jacques Rivière, der auch Bruder Bernhard genannt wird. Dieser Kapuzinermönch, knochentrocken wie eine Weinrebe, die Fischermütze an den Kopf geklebt, hat sich sein Leben lang um die portugiesischen Einwanderer gekümmert. Er arbeitet vor Ort wie ein Bauer auf dem Feld, er betreut auch eine Sendung des Bordelaiser Radiosenders *La clef des ondes*, die sich an die große portugiesische Gemeinde in Bordeaux richtet.

Die Geschichte Aristide de Sousa Mendes', auf die Rivière 1987 stößt, als er einen portugiesischen Sender hört, bewegt und interessiert ihn in höchstem Maße. Er versteht nicht, warum in Bordeaux niemals jemand davon gesprochen hat. Auch nicht, warum im Museum Jean Moulin[60], das als das städtische Résistance-Museum gilt, kein Hinweis darauf zu finden ist.

Gemeinsam mit einigen Freunden, darunter Manuel Dias, Berater des Präfekten in Einwanderungsfragen, wird Bruder Rivière Himmel und Hölle in Bewegung setzen, damit Aristides de Sousa Mendes in Bordeaux geehrt wird. Und dieser Mensch ist dickköpfig! Er weiß genau, wie mühsam es sein wird, gegen den Willen einiger Leute anzukämpfen, die über die Ereignisse von 1940 lieber den Schleier des Vergessens legen wollen. Selbst die Verantwortlichen der Jüdischen Gemeinde scheinen nicht sehr interessiert zu sein. Ebensowenig der derzeit amtierende portugiesische Konsul.

Im September 1987 schreibt Rivière einen Artikel in dem Bulletin, das er für die portugiesische Gemeinschaft im Südwesten Frankreichs herausgibt, *Interaction Aquitaine Portugal.*

Dieser Artikel hat eine erste, sehr bewegende Wirkung: Als Marie-Rose, Aristides' und Andrée Cibials Tochter, die in Pau lebt, ihn liest, erfährt sie die wahre Geschichte ihres Vaters!

»Ich hatte schon 1962 im *Reader's Digest* einige Zeilen über meinen Vater gelesen«, erzählt Marie-Rose, »damals hatte ich mich an das portugiesische Konsulat von Bayonne gewandt und gefragt, ob sie mehr Informationen über ihn hätten. Sie hatten aber keine. Erst als ich jene Ausgabe von *Interaction Aquitaine Portugal* las, die Sousa Mendes gewidmet war, erfuhr ich alles.«

Marie-Rose nimmt Kontakt mit Bruder Rivière auf, und gemeinsam mit Manuel Dias gründen sie das Nationale Komitee zur Würdigung Aristides de Sousa Mendes', dessen Vorsitz sie übernimmt. Im Juni 1990, zum fünfzigsten Jahrestag des Juni 1940, kommt das internationale Komitee um den Vorsitzenden John Paul Abranche nach Bordeaux, und Marie-Rose trifft zum ersten Mal einige ihrer Halbbrüder und Halbschwestern, die sie mit offenen Armen empfangen.

Der zum Teil in Bordeaux gedrehte Film von Diana Andringa *Der geächtete Konsul*[61], eine Koproduktion des portugiesischen Fernsehens und des Senders *France 3 Aquitaine*, vermag schließlich auch die Zögerlichsten von der beispielhaften Aktion des Konsuls zu überzeugen. Vor allem auch, weil zahlreiche Zeugen aus jener Zeit bereit waren, von weither anzureisen und ihre Erinnerungen der Kamera der portugiesischen Journalistin anzuvertrauen.

Büste Aristides de Sousa Mendes'
auf der Esplanade Charles de Gaulle, Bordeaux.

Am Sonntag, dem 29. Mai 1994, ist es endlich so weit, dass die Stadt Bordeaux Aristides de Sousa Mendes auf die Art würdigt, wie er es verdient. Rings um Mário Soares, damals Präsident der Republik Portugal, und seine Gattin, Maria Barroso, schart sich alles, was in Bordeaux Rang und Namen hat: Präfekt Bernard Landouzy, Claudine Geissmann, Vizepräsidentin von B'nay Brith in der Hauptstadt der Gironde, Alexis Banayan, Präsident des Konsistoriums, Dmitri Lavroff, stellvertretender Bürgermeister, die Botschafter von Portugal und Israel.

Der portugiesische Präsident enthüllt zunächst auf der Esplanade Charles de Gaulle eine Büste Aristides de Sousa Mendes' und legt einen Kranz zu Füßen des Denkmals nieder. Sodann wird am Haus Nummer 14 des Quai Louis XVIII. eine Gedenktafel

WER EIN LEBEN RETTET, RETTET DIE WELT.

enthüllt. Alexis Banayan erklärt: »Aristides de Sousa Mendes hat jenes biblische Wort befolgt, das besagt, dass ein Mensch das Recht hat, einen Befehl zu verweigern, der gegen die Moral verstößt.«

»Es ist eine große Ehre und sehr ergreifend, hier zu sein, um Aristides de Sousa Mendes zu würdigen«, sagt Mário Soares, »jenen großen Portugiesen, jenen schlichten Portugiesen, einen bescheidenen Mann, der es aber verstanden hat, entgegen den Befehlen des Diktators Salazar seine Pflichten gegenüber der Menschheit zu erfüllen.«

Zugleich wird eine neue Ausgabe des historischen Comics von Jocelyn Gille vorgestellt, *Bordeaux dans la tourmente* (Bordeaux zur Zeit der Wirren), in dem es mehrere Seiten über Sousa Mendes gibt.

Der Journalist Bertrand Poupard schreibt in der Ausgabe der Zeitung *Sud-Ouest* vom folgenden Tag: »Seit einigen Jahren wird im internationalen Recht und dem politischen Diskurs im Allgemeinen von einem neuen Begriff hinsichtlich der Beziehungen zwischen den Völkern gesprochen: von der ›Pflicht zur Einmischung‹. Gestern Vormittag haben Mário Soares und seine Gastgeber in Bordeaux ... in der einen oder anderen Weise, privat oder in ihren Ansprachen, den Vorrang einer anderen menschlichen Pflicht hervorgehoben. Es handelt sich um die Pflicht zum inneren Ungehorsam, die uns, wenn sie sich in manchen Ländern, die nun von ethnischen Säuberungen, Stammesmassakern und sozialer Benachteiligung aus rassistischen Gründen betroffen sind, wirksamer gezeigt hätte, von der Pflicht zur Einmischung gewiss nicht entbunden hätte.«

Bruder Rivière und seine Freunde haben ihren Kampf noch nicht beendet: Sie möchten nun, dass die nach Sousa Mendes benannte Straße feierlich eingeweiht wird und auch eine Schule der Region seinen Namen erhält. Im Oktober 1996 spielt das Theater Portalegre in Bordeaux das Stück *Aristides, o cônsul que desobedeceu* (Aristides, der ungehorsame Konsul), das Antonio de Moncada de Sousa Mendes, einer der Enkel Aristides’, geschrieben hat.

Die Familie Sousa Mendes möchte auch, dass auch Angelina, der diskreten Mutter, in der einen oder anderen Form gewürdigt wird. Pedro Nuno schreibt ein Memorandum, das er 1998 an Yad Vashem schickt:

»Es ist unsere Pflicht, unsere Mutter zu würdigen. [...] Ich habe bemerkt, dass in den Würdigungen meines Vaters niemals von ihr die Rede ist. [...] Als meine Eltern und ich 1940 in Bordeaux

Gedenktafel am Geburtshaus Angelina de Sousa Mendes'
in Beijós.

waren, haben sich die Türen unserer Wohnung für viele Flüchtlinge geöffnet, junge wie alte, die zumeist Juden waren.
Sie haben sich auf den Sofas und Sesseln niedergelassen, einige
haben sogar auf dem Teppich geschlafen. Ich kann mich noch gut
an diese Zeit erinnern und habe viel Kontakt zu den Flüchtlingen
gehabt. Von jenem Zeitpunkt an hat sich unsere Mutter nicht nur
um ihre eigenen Kinder gekümmert, sondern auch um die Flüchtlinge, ganz gleich, woher sie kamen; sie durften die Großzügigkeit
und Selbstlosigkeit dieser Frau erleben, die schon zweiundfünfzig
Jahre alt war. In vielen Fällen hat sie mit großer Zuneigung geholfen, hat ihnen zu essen und zu trinken gegeben. Wenn andere
Leute in die Küche kamen, in der wir unsere Mahlzeiten einnahmen, hat sie diese bedient, ohne sich je zu beklagen.

177

Selbst an den schwierigsten Tagen hat sie meinem Vater nicht den geringsten Vorwurf gemacht und sie hat immer zu ihm gehalten. Sie hat sich niemals gegen das ausgesprochen, was unser Vater tat, um die Flüchtlinge zu retten, auch keines seiner Kinder hat je unseren Vater kritisiert. Sie war eine gute Gemahlin, eine gute Mutter, eine gute Christin und wir danken Gott dafür.«

Die Familie möchte auch eine angemessene finanzielle Entschädigung vom Staat erhalten, mit der sie eine Stiftung gründen und eventuell das Haus im Passal als Museum einrichten will.

Die konservative Regierung von Cavaco Silva lässt die Entschädigung von der Verwaltung sehr knauserig ›berechnen‹ und stützt sich dabei auf die Zahlen von 1940. Es wird eine Summe von 750.000 Escudos angegeben, was im Jahr 2011 etwa 3.750 EURO entspricht, um das ruinierte Leben eines Mannes, einer Frau und von vierzehn Kindern aufzuwiegen.

Die Sozialisten sollten dann etwas großzügiger sein und 15 Millionen Escudos vorschlagen, etwa 70.000 EURO. Das ist schon etwas besser, aber immer noch weit weniger, als die Familie beantragt hat. »Wir sind keine Bettler«, erklärt Antonio, ein Enkel, »nach dem, was der portugiesische Staat meinem Großvater angetan hat, erbitten wir kein Almosen, wir fordern schlicht Gerechtigkeit.«

Die Sache ist aber noch längst nicht ausgestanden.

Im Palacio das Necessidades, der weiterhin das Außenministerium beherbergt, ebenso wie in anderen Kreisen, gibt es noch immer zahlreiche Personen, die Sousa Mendes' Ungehorsam tadeln. »Es ist oft noch ein Tabu, von ihm zu reden«, sagt zum Beispiel Bessa Lopes' Tochter.

So hält etwa auch Calvet de Magalhães, der 1941 ins Ministerium eingetreten ist und Salazar sehr nahe gestanden hat, das

Thema für heikel. Wenn er mit Sympathie von Sousa Mendes spricht, dann nur in Bezug auf »das für einen Diplomaten etwas extravagante Verhalten, das im Ministerium nie ernst genommen wurde«.

Adriano Moreira[62], der seine Karriere 1946 begonnen hatte und Minister unter Salazar war, ehe er sich für eine Laufbahn an der Universität entschied, ist ganz entgegengesetzter Meinung. Für ihn stellt Aristides de Sousa Mendes' Verhalten »einen Wendepunkt in der Geschichte des internationalen Rechts« dar.

»In unserer westlichen Auffassung ist die Legitimität der Macht, die auf dem Volkswillen gegründet ist, eine ursprüngliche Legitimität; ich bin demokratisch gewählt worden, also bin ich legitim.

Diese Legitimität genügt aber nicht mehr«, fährt der Professor fort, »es bedarf einer Legitimität der Ausübung: Was stelle ich mit der Macht an?«

Und er folgert: »Aristides de Sousa Mendes hat sich an einem Prinzip vergriffen, das bis dahin absolut war: Man muss der ursprünglichen Legitimität Folge leisten. Das Nürnberger Tribunal hat festgelegt, dass man auch vor den Grundsätzen verantwortlich ist und dass man nicht gegen die Werte der Menschlichkeit verstoßen darf. Die Größe Sousa Mendes' liegt darin, den Werten der Menschlichkeit gehorcht zu haben.«

Im Geschäftsviertel von Lissabon würdigt auch die U-Bahn-Station Parque, die den Menschenrechten gewidmet ist, Aristides de Sousa Mendes.

In der riesigen Eingangshalle lenkt ein großer Scheinwerfer die Aufmerksamkeit auf eine winzige Medaille mit dem Abbild des Konsuls. Sie ist in einen Betonblock eingelassen. Dieser Kontrast zeigt die Einsamkeit dieses Menschen in jenem Augenblick, in

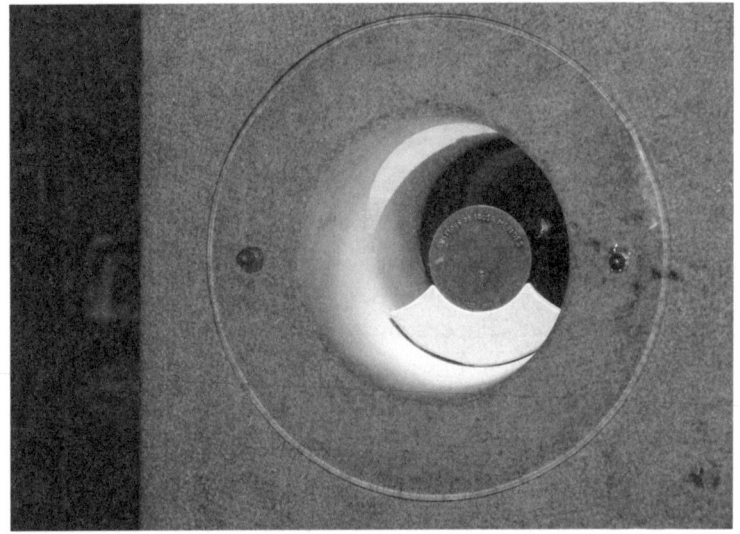

Gedenkmünze in der Lissabonner U-Bahn-Station Parque.

dem er die wichtigste Entscheidung seines Lebens treffen muss-
te: ob er unmenschlichen Befehlen gehorchen sollte oder nicht.
Und während man auf den langen Rolltreppen zu den U-Bahn-
Linien hinunterfährt, kann man an den Wänden Zitate von
Schriftstellern, Philosophen und Dichtern aus aller Welt lesen.
Darunter auch folgenden Satz Fernando Pessoas:
»Mir schmerzt der Kopf und mich schmerzt die Welt.«

Epilog
Die leise Musik vom Passal

Der alte Mann kommt uns am Bahnhof von Cintra abholen. Mit seinen weißen Haaren, seinem schwarzen Mantel und der sanften Vornehmheit seiner Haltung hebt sich Pedro Nuno de Sousa Mendes von der Menge ab, die in Lissabon auf den Zug wartet. Mit achtundsiebzig Jahren ist er nun das älteste der sechs noch lebenden Kinder des Konsuls von Bordeaux.[63] Nach den Jahren des Exils im Kongo und dann in Belgien ist er wieder nach Hause zurückgekehrt.

Der Junge in der Pfadfinderkluft, der vor dem Haus in Löwen in die Kamera lächelt, der umtriebige Jugendliche, der den Plan für den »Expresso dos Montes Hermínios« zeichnete, der fleißige Student, der in Bordeaux seinem Vater unablässig half und der sich in Adelaide verliebte, die immer noch bei ihm ist, hat viel gelitten.

Und doch wirkt er heiter.

Was soll man noch hinzufügen, nachdem man ihn die Geschichte seines Vaters und seine eigene hat erzählen hören, in einem weichen und zischelnden Französisch, ohne ein Wort des Hasses gegen andere; nachdem man seine Augen gesehen hat, die bei bestimmten Erinnerungen feucht wurden, bei anderen strahlten; nachdem man die große Güte gespürt hat, die aus jedem seiner Sätze spricht?

Und doch müssen wir die Geschichte zu Ende bringen.

César hat seinen Zwillingsbruder nicht lange überlebt. Am 18. Juli 1955 starb er in seinem Haus in Mangualde. Einige Wochen zuvor schrieb ihm sein Sohn José, als er wusste, dass sein Vater sterben würde, einen Brief, von dem er heute selbst sagt, er sei »ein Zeugnis tiefer und empfindsamer Sohnesliebe«, und der den Satz enthielt: »Ich kann deinen Zwillingsbruder nicht vergessen, der so freundlich und so gütig war, der sehr gelitten hat, weil er sehr liebte.«

Andrée Cibial stirbt 1991 in Pau, nachdem sie das wenige Geld, das ihr verblieben ist, für Anwaltskosten verschwendet hat, um ihre angeblichen Rechte auf den verlorenen Besitz in Cabanas geltend zu machen. Dort sah man sie von Zeit zu Zeit mit Papieren in der Hand. »Nach dem Tod meines Vaters reiste sie ab, kam zurück, reiste wieder ab ... sie hat ihr Leben mit Abreisen verbracht«, erzählt Marie-Rose. Die letzten Jahre ihres Lebens waren sehr hart. Hat sie nicht mehr als ein Jahr ganz allein in einem besetzten Haus in Paris ohne Wasser und Strom gelebt? Nach einem Herzanfall wird sie in Périgueux behandelt, nahe bei ihrer Tochter und ihrem Schwiegersohn. Anschließend wird sie in ein Altersheim in Pau gebracht, wo sie im Beisein ihrer Tochter stirbt.

Fernanda, die »Göre«, nunmehr sechsundsiebzig Jahre alt, lebt in Porto und schwankt zwischen dem Wunsch, die schwierigen Momente ihres Lebens zu vergessen, und der Verehrung für Aristides de Sousa Mendes, »dem gerechtesten Menschen auf der Welt und dem Heiligen, der in der ganzen Geschichte der Menschheit am meisten gelitten hat«.

Am 20. Juli 1970 stirbt Salazar.

Nach einem Schlaganfall war er am 17. September 1968 von Marcelo Caetano, dem ehemaligen Rektor der Universität Lissabon, als Ministerpräsident abgelöst worden. In der ersten Zeit versuchte dieser, mehr zum Schein als durch wirkliche Änderungen, das Regime zu liberalisieren, das überall schon Risse aufwies. Dann aber kehrte er zu klassischeren Methoden der Repression zurück. 1969 wurde die Universität von Coimbra zum Schauplatz heftiger Demonstrationen. Die sozialen Unruhen nahmen zu, die Kolonialkriege wurden immer unpopulärer und die politische Opposition formierte sich. Dann gingen auch einige Verantwortliche der wichtigsten Stützen des Regimes, der Armee und der Kirche, auf Distanz.

Salazar stirbt ohne große Anteilnahme.

»Der alte Herr aus Lissabon mit dem feinen Gesicht und dem weißen Haar, höflich und mit geschliffenen Manieren, mit seiner aus der Mode gekommenen Eleganz, seinen strengen Anzügen und seinen Schnürstiefeln, hat in noch größerem Maße verwirrt als empört oder verführt. Seine Bewunderer – meist Anhänger des Autoritätsprinzips – versuchten ohne viel Erfolg, diese kalte und affektierte Gestalt eines Kabinettsdiktators menschlich erscheinen zu lassen.«[64]

Miguel Torga hat die angemessenste und zugleich schrecklichste Grabrede auf den Diktator gehalten:

»Salazar ist gestorben.

Zu spät für ihn und auch für uns, die wir ihn bekämpft haben. Für ihn, denn er ist nicht so glorreich gestorben, wie er es immer gehofft hat; für uns, weil wir ihn nicht auf dem Höhepunkt unserer Wut, unserer Demütigung und unserer Revolte sterben sahen.

Er hat in der Kälte gelebt, bewusst unter einer Glocke erstarrter Strenge, er hat gelebt, indem er Angst erzeugte, und er ist in Kälte gestorben, unbewusst, in einem schwachen hinausgezögerten Todeskampf, der nur noch Mitleid erregt hat.

Und so hat auch, als man uns vorhin verkündete, dass er endlich gestorben sei, nicht das geringste Beben das Land erschüttert. Weder aufseiten seiner Anhänger noch seiner Gegner.«[65]

Während sich die Erinnerung an den Diktator abschwächt und auf wenige Zeilen in den Geschichtsbüchern zusammenschrumpft, wird das Andenken desjenigen, den er mit seiner Rachsucht verfolgt hat, auf der ganzen Welt in Ehren gehalten. Statt mit dieser »Revanche« zu enden, die den bitteren Geschmack postumer Siege hat, sollte man lieber eine letzte Reise zum Passal von Cabanas unternehmen.

Für den, der Ohren dafür hat, ertönt dort noch immer eine leise Musik, die ebenso schlicht wie zeitlos ist.

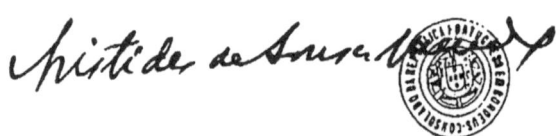

Tod und Auferstehung
des Aristides de Sousa Mendes

José-Alain Fralon, dem französischen Journalisten von *Le Monde*, haben wir es zu verdanken, dass in den Jahren zwischen 1997 und 2001 nicht nur in Frankreich, sondern auch im deutsch- und englischsprachigen Raum das außergewöhnliche Leben des Aristides de Sousa Mendes bekannt geworden ist.[66] Und immer noch besteht die Gefahr, dass sich sein Schicksal wiederholt: das durch den portugiesischen Diktator *Salazar* eingeleitete und gezielt forcierte *Vergessen* seines selbstlosen Handelns, das 30.000 Menschen, darunter etwa 10.000 Juden, vor dem Tod durch das NS-Regime bewahrt hat. In Portugal selbst hat es über 50 Jahre gedauert, Sousa Mendes zu rehabilitieren, und erst in der jüngsten Vergangenheit ist er zu einer unvergesslichen Größe im Kulturleben Portugals geworden.[67] Aber sowohl die französische Originalausgabe des vorliegenden Buches, wie auch die englische und deutsche Ausgabe sind seit einigen Jahren wieder vergriffen und nur noch antiquarisch zu bekommen.[68] Umso dankbarer darf man dem Verlag Urachhaus sein, dass mit der vorliegenden Neuausgabe dieses wichtige Zeugnis für das Leben des Aristides de Sousa Mendes wieder zugänglich gemacht wird.

José-Alain Fralon ist auch der Drehbuchautor des 2009 und 2010 im französischen Fernsehen gezeigten Films *Désobéir*[69], durch den der Autor dieses Nachwortes auf das Schicksal des Aristides de Sousa Mendes aufmerksam wurde. Dieser Spielfilm dokumentiert in herausragender Weise Sousa Mendes' selbstloses Handeln und ist mit hervorragenden Schauspielern besetzt. Leider wurde er bisher im deutschen Fernsehen nicht ausgestrahlt. Eine Anfrage beim Sender ARTE blieb ohne Reaktion. Dennoch tut sich auch in Deutschland etwas. Der Fotografin *Anna Katharina Stillisch* aus Berlin ist es zu verdanken, dass es seit 2008 eine Fotoausstellung zum Andenken an Aristides de Sousa Mendes gibt, die sowohl in Berlin wie auch an zahlreichen anderen Orten in Deutschland großes Interesse an seinem Leben wachgerufen hat und von Berlin aus durch das ganze Land gereist ist.[70] Anna Katharina Stillisch hat dem Verlag auch die Vorlagen für zahlreiche Abbildungen in dieser Ausgabe zur Verfügung gestellt, wofür Ihr herzlich gedankt sei.

Bevor wir aber auf den zentralen Moment im Leben des Aristides de Sousa Mendes, auf jene drei Tage und Nächte im Juni 1940 im portugiesischen Konsulat von Bordeaux schauen, wollen wir zunächst für das bessere Verständnis der damaligen Situation noch einmal einen Blick auf den historischen Augenblick werfen.

Nach dem Ausbruch des Zweiten Weltkrieges war es für vom Nazi-Regime bedrohte Flüchtlinge, zu denen hauptsächlich Menschen jüdischer Herkunft, aber auch politische Gegner wie Kommunisten, Sozialdemokraten, Angehörige der katholischen Zentrumspartei sowie Künstler, Schriftsteller und Wissenschaftler gehörten, deren Werke von den Nazis verfemt worden waren, äußerst schwierig, Europa noch zu verlassen. Die neutralen Länder Schweden oder die Schweiz nahmen keine Flüchtlinge auf, nur das ebenfalls neutrale Portugal war auf dem Landweg über Frankreich und Spanien noch erreichbar. Seit der Annexion des Sudetenlandes und Österreichs und seit Hitlers Überfall auf Polen war Frankreich zum Hauptfluchtpunkt für unzählige Flücht-

Frau
Anna Katharina Stillisch

Dr. Otto v. Habsburg

Hindenburgstraße 15
D-82343 Pöcking
Tel. + 49-81 57-70 15
Fax + 49-81 57-7087
E-Mail: habsburg@habsburg.de

Pöcking, im Juli 2008

Sehr geehrte Frau Stillisch,

besten Dank und meine Gratulation dazu, dass es Ihnen gelingt, in verschiedene Teile Europas die Erinnerung an einen der ganz großen Helden des Zweiten Weltkrieges zu tragen. Ich habe Aristides de Sousa Mendes leider nur sehr kurz in jenen chaotischen Tagen im Juni 1940 in Bordeaux kennen gelernt. Er war eine gewaltige Persönlichkeit. Er war eben nicht so groß in Worten sondern in Taten und in der Bereitschaft, Risiken einzugehen, um den Not leidenden Menschen, seinem Gewissen und seiner christlichen Einstellung zu dienen. Ich habe ihn sehr bewundert. Er hat nämlich etwas getan, wozu er eigentlich keine Verpflichtung gehabt hatte. Für mich war es etwas anderes. Als ältester Sohn des letzten Kaiser von Österreich trug ich eine große Verantwortung für meine Landsleute.

Umso mehr bewundere ich die Menschen, die keine solche Verantwortung hatten, die keine solche persönliche Bindung an diese Menschen hatten und die aus reinem christlichen Gewissen eines der größten Opfer gebracht haben, nämlich das ihrer Karriere. Er hat sich dabei wirklich bis zur letzten Möglichkeit eingesetzt und hätte vielleicht sogar bis zu einem gewissen Grad sich der bitteren Konsequenzen der Lage entziehen können. Er hat es nicht getan. Er ist tapfer und gerade seinen Weg gegangen, und das ist etwas, was es damals sehr selten gegeben hat. Er hat die Menschen nicht gekannt, er war nicht deren Landsmann, aber er hat aus Christenpflicht und aus europäischer Verbundenheit sehenden Auges seine Karriere und damit also den Inhalt seines Lebens geopfert. Wir können stolz sein, seine Zeitgenossen gewesen zu sein. Wenn wir gelegentlich entmutigt sind, können wir uns durch solche Beispiele neue Kraft holen!

Mit herzlichsten Grüßen!

OTTO VON HABSBURG

Brief Otto von Habsburgs an Anna Katharina Stillisch anlässlich ihrer Ausstellung.

linge geworden. Mit dem Überfall Hitlers auf Frankreich wurde dieses Refugium nun zur Falle, aus der es praktisch nur noch einen Ausweg gab: den Weg über die Pyrenäen durch Spanien nach Portugal. Das bereits im Sommer 1940 von den Nazis etablierte Vichy-System begann sofort damit, Flüchtlinge zu internieren und später an die Gestapo auszuliefern. Bevor es so weit kam, musste man, ob man wollte oder nicht, irgendwie versuchen, noch aus Frankreich herauszukommen.

Neben Sousa Mendes gab es 1940/41 in Frankreich auch noch den amerikanischen Journalisten *Varian Fry,* den Mitbegründer des US Emergency Rescue Commitee (ERC). Ihm gelang es durch eine illegale Hilfsaktion von Marseille aus, mehr als 1000 von der Gestapo verfolgte deutsche Emigranten, unter ihnen Alfred Döblin, Franz Werfel, Alma Mahler, Lion Feuchtwanger, Heinrich und Golo Mann und den Maler Max Ernst, aus Frankreich herauszuschleusen. Fry hatte als amerikanischer Journalist bereits 1935 die ersten Judenverfolgungen in Deutschland miterlebt und kannte viele der Emigranten persönlich.[71]

Das vom Diktator Franco regierte Spanien hatte vorübergehend seine Grenzen geschlossen, dann aber wieder geöffnet, allerdings nur für Transitreisende: Nur Flüchtlinge mit einem Einreisevisum für Portugal wurden durchgelassen. Portugal aber war ebenfalls eine Diktatur, die seit 1932 von *Antonio de Oliveira Salazar,* der aus demselben Dorf wie Aristides de Sousa Mendes stammte, geführt wurde. Somit war das Land alles andere als ein Asylland, um 1935 lebten hier lediglich ca. 600 geflüchtete Deutsche. Bereits 1937 wurde die Einreisepraxis eingeschränkt, weil Personen, »die in ihrem Geburtslande unerwünscht sind, es natürlich aus den gleichen Gründen auch in Portugal sind«.[72] Zwar blieb Portugal während des Krieges neutral, unter der Geheimpolizei aber gab es viele Mitarbeiter, die offen mit Hitler sympathisierten. Und die Lage verschärfte sich mit Ausbruch des Krieges immer mehr, denn schon bald gab es außer den portugiesischen Passagierdampfern praktisch keine Schiffe mehr, mit denen man nach Nord- oder Südamerika hätte weiterreisen können. So war Portugal die wichtigste letzte Etappe vor dem Verlassen des europäischen Kontinents geworden, nahm aber diese Funktion nur widerwillig an. Mit allen Mitteln sperrte sich das Salazar-Regime gegen den Flüchtlingsstrom. Im November 1939 erließ der Diktator das »Zirkular Nr. 14«, mit dem allen portugiesischen Konsulaten und Botschaften im Ausland untersagt wurde, Flüchtlingen vor dem Nazi-Regime ein Visum auszustellen. Dabei waren allerdings die Formulierungen so gewählt, dass durch geschickte juristische Umschreibungen nur indirekt gesagt wurde, was gemeint war.

Im Juni 1940 wurde dieses Rundschreiben noch zusätzlich verschärft, indem nun jeder Visumantrag erst nach Lissabon gefunkt und genehmigt werden musste. Während und nach der französischen Niederlage im Juni 1940 war es deshalb außerordentlich schwierig, auf dem offiziellen Weg die notwendigen Dokumente für die Ausreise aus Frankreich zu erhalten. Denn um das portugiesische Einreisevisum zu erhalten, musste zuerst ein Nachweis für eine bezahlte Schiffspassage von Portugal nach Übersee erbracht werden, erst dann gab es das spanische Transitvisum und danach das französische Ausreisevisum. Deshalb wurden zu diesem Zeitpunkt bereits zahlreiche Dokumente gefälscht, um diesen mühsamen und oft auch vergeblichen bürokratischen Weg zu umgehen. Nur Aristides de Sousa Mendes setzte sich über alle restriktiven Bestimmungen seitens seiner Regierung hinweg und machte damit in der entscheidenden Phase beim Zusammenbruch Frankreichs im Juni 1940 den Weg für insgesamt 30.000 Menschen nach Portugal frei.

Was aber bedeutete diese Entscheidung, die er während jener drei Tage und Nächte zwischen dem 13. und 16. Juni 1940 getroffen hatte für Sousa Mendes selbst?

Noch am 13. Juni hatte das Salazar-Regime ihm die Erteilung von 30 Visa für jüdische Flüchtlinge verweigert. Nun stand da jener jüdische Rabbiner aus Belgien, wo er einst selbst tätig gewesen war, vor ihm und beschwor ihn inständig, nicht nur ihm und seiner Familie, sondern all den Tausenden, die sich vor dem Konsulat versammelt hatten, ein Visum auszustellen.

Aristides muss eine ungeheure Ohnmacht verspürt haben angesichts der Fesselung durch den Diktator und der immer dramatischer werdenden Flüchtlingsflut, die sich nun bis in das Konsulat hinein ergoss. Und so schloss er sich für drei Tage in sein Zimmer ein, wollte nichts und niemanden mehr wahrnehmen, und wälzte sich unruhig und laut stöhnend auf seinem Lager herum, wie die beiden Augenzeugen, sein Sohn Pedro Nuno und sein Neffe César später berichteten.

Was macht ein Mensch in dieser Situation absoluter Ohnmacht durch? Aristides sah sich vor die Wahl gestellt, entweder Tausende von Menschen dem sicheren Tod oder sein eigenes und das Schicksal seiner 15-köpfigen Familie dem Untergang auszuliefern. Zudem hatte er zu diesem Zeitpunkt auch noch eine Geliebte, Andrée Cibial, die ausgerechnet in diesem Moment ein Kind von ihm erwartete. Sollte er alle diese Menschen, seine Frau Angelina, seine 14 Kinder und seine Geliebte mit dem noch Ungeborenen, sollte er sie alle in den Untergang stürzen? Was für ein innerer Konflikt, welch gewaltige, kaum vorstellbare moralische Verantwortung lastete jetzt auf ihm! Sollte er sich für sein eigenes Fleisch und den Paragraphengehorsam oder für die Menschheit entscheiden?

In dieser Not hörte er eine Stimme, die Stimme Gottes, die Stimme seines Gewissens, wie er selbst sich ausdrückte. Wie können wir uns diese Stimme genauer vergegenwärtigen?

Wenn wir die christlichen Quellen befragen, dann können wir uns an das nächtliche Ringen Jakobs mit seinem Engel erinnert fühlen, an das Ringen zwischen dem Niederen und dem Höheren im Menschen, auf das hin Gott ihn segnet und ihm den Namen *Israel*, der Gotteskämpfer, verleiht.[73] Wir können weiterhin auch auf das Neue Testament und auf die Briefe des Paulus hinblicken. Bei Paulus findet man ein Urbild für das Ohnmachtserleben des Aristides de Sousa Mendes, das ja ein zutiefst modernes, zukünftiges Element in sich trägt, nämlich die Überwindung des *Menschlichen* zugunsten des *Menschheitlichen*. Paulus hat diese Erfahrung, die mit seinem Damaskus-Erlebnis in Zusammenhang stand, im 2. Korintherbrief so beschrieben, dass er sich nicht der Offenbarung des Christus Jesus rühmt, die er vor Damaskus erfahren hatte, sondern im Gegenteil diese in Zusammenhang mit seiner menschlichen Schwachheit und Ohnmacht sieht: »Damit ich mich wegen der einzigartigen Offenbarungen nicht überhebe, wurde mir ein Stachel ins Fleisch gestoßen: ein Bote Satans, der mich mit Fäusten schlagen soll, damit ich mich nicht überhebe. Dreimal habe ich den Herrn angefleht, dass der Bote Satans von mir ablasse. Er aber antwortete mir: Meine Gnade genüge dir; denn sie erweist ihre Kraft in der Schwachheit. Viel lieber also will ich mich meiner Schwachheit rühmen, damit die Kraft Christi auf mich herabkommt. Deswegen bejahe ich meine Ohnmacht, alle Misshandlungen und Nöte, Verfolgungen und Ängste, die ich für Christus ertrage; denn wenn ich schwach bin, dann bin ich stark.«[74]

Die Misshandlungen und Nöte, Verfolgungen und Ängste, die seine Gewissensentscheidung nach sich ziehen musste, sah Aristides wohl vor sich, doch er überwand den Stachel des Eigennutzes und des Autoritätsgehorsams und nahm weder Rücksicht auf seine privaten Interessen noch auf seine dienstliche Verpflichtung dem Diktator gegenüber, und in seiner Ohnmacht wurde er stark:

»Mein Vater ist am Morgen des vierten Tages aufgestanden, wie erleichtert und voll unglaublicher Energie. Er hat sich gewaschen, rasiert, angezogen, dann ist er aus seinem Zimmer gekommen, hat die Kanzlei aufgemacht und mit lauter Stimme gesagt: ›Von nun an werde ich allen ein Visum geben, es gibt keine Nationalitäten, Rassen und Religionen mehr.«

So schildert sein Sohn das Geschehen an jenem Morgen nach drei Tagen und Nächten. Ist es nicht wie die Schilderung eines Ostergeschehens – ein Mensch, der durch Tod und Auferstehung hindurchgegangen ist? Ein Mensch, der nun das Christusprinzip verkündet, das keine Nationalitäten, keine Rassen und Religionen mehr kennt und nur noch für die ganze Menschheit da sein will, und der seine Angst vor dem Tod überwunden hat.

Kaum jemand in seiner Umgebung, außer seiner Frau Angelina, die ihn in seiner Gewissensnot unterstützte, konnte wohl unmittelbar nachvollziehen, was in ihm stattgefunden hatte. Er selbst als streng gläubiger Katholik mag sein Christuserlebnis nicht voll bewusst wie Paulus als solches erkannt haben. Sicher ist nur eines: Aristides, »der Gerechte« trug seinen Namen von nun an wie das Zeichen einer Neugeburt – und gleichzeitig wie ein rotes Tuch für jene, die diesem Prinzip nicht dienen konnten und wollten.

Und was ging in Salazar vor, dem Widersacher, der anschließend dafür sorgte, dass nicht etwa ein Held oder Märtyrer, sondern ein Vergessener aus Sousa Mendes wurde? Keineswegs störte er sich an den nun nach Portugal eingeströmten 30.000 Flüchtlingen. Im Gegenteil, sie konnten ihm politisch gesehen gegenüber den Gegnern Hitlers, den Alliierten, sogar nützlich sein. So rühmte er nach dem Ende des Krieges sich und sein Land der humanitären Hilfe, die nun er, nicht der Vergessene den Flüchtlingen hatte zukommen lassen. Was ihn erregte, das war der Ungehorsam, das autonome, freie Handeln des »Gerechten von Bordeaux«, der nicht dem Diktat, nicht der Autorität, sondern allein seinem Gewissen gefolgt war. Dieses *Nicht-ich,* das Gegenteil des egoistischen Machtstrebens, war es, was Salazar auslöschen und dem Vergessen anheim fallen lassen wollte.

Eine Frage, die den Leser der Biografie des Aristides de Sousa Mendes sicher auch bewegen mag, ist die nach der Vergleichbarkeit mit ähnlichen mutvollen und selbstlosen Menschen während der Zeit des Nationalsozialismus. In erster Linie wird man wohl an Oskar Schindler denken, dessen Rettungsaktion durch Steven Spielbergs Film *Schindlers Liste* weltberühmt geworden ist. Es gab aber damals auch eine ganze Reihe von Diplomaten, die sich in derselben Lage wie Sousa Mendes befanden und ebenfalls gegen ihren offiziellen Auftrag handelten, illegale Visa oder »Schutzpässe« verteilten und Menschen zur Flucht verhalfen. Zu ihnen zählte zum Beispiel der japanische Konsul in der litauischen Hauptstadt Kaunas, *Chiune Sugihara.* Mit seiner Hilfe gelang entgegen den Anordnungen des japanischen Außenministeriums bis zu 10.000 Menschen die Ausreise und Flucht vor dem NS-Regime. Er verhielt sich ganz ähnlich wie Sousa Mendes und sagte: »Ich habe den Konsequenzen keine Aufmerksamkeit geschenkt, und ich habe nur nach meinem Gefühl für menschliche Gerechtigkeit, aus Liebe zur Menschheit, gehandelt.«[75]
Im Hinblick auf die biografischen Folgen noch tragischer als bei Aristides de Sousa Mendes, ist das Schicksal *Raoul Wallenbergs,* der sich zwischen August 1944 und Januar 1945 als schwe-

discher Gesandter heldenhaft für die in Ungarn von den Nazis verfolgten Juden einsetzte und dabei bis zu 100.000 Menschen das Leben rettete. Auch hier kam es zum Konflikt mit dem offiziellen Auftrag. Auch Wallenberg handelte undiplomatisch und ausschließlich seinem Gewissen folgend. Schweden hatte sich während des Krieges, ähnlich wie die Schweiz und zahlreiche andere Länder, gegenüber jüdischen Flüchtlingen abweisend oder rein opportunistisch verhalten. Die tiefe Tragik Wallenbergs bestand jedoch darin, dass er sein heldenhaftes Verhalten mit Folter und Tod bezahlen musste. Denn unmittelbar nachdem die Rote Armee Budapest Mitte Januar 1945 erobert hatte, wurde er vom stalinistischen Geheimdienst als amerikanischer Spion verdächtigt und in ein russisches Gefangenenlager bzw. Gefängnis des Geheimdienstes deportiert. Halbherziges Verhalten vor allem der schwedischen, aber auch amerikanischer Behörden verhinderte die Freilassung Wallenbergs. Es ist bis heute ungeklärt, ob er 1947 im Gefängnis ermordet worden ist oder doch noch weiter als Gefangener gelebt hat.[76]

Sousa Mendes und Wallenberg teilen das Schicksal, dass ihr absolut selbstloses Handeln aus der Erinnerung der Menschen so weit als möglich getilgt werden sollte. Auch bei Wallenberg wirkt es heute wie symptomatisch, dass die wenigen Biografien, die es über ihn auf dem deutschen Buchmarkt gegeben hat, bald nach Erscheinen sämtlich vergriffen waren.

Umso wichtiger erscheint es deshalb, das Andenken dieser Menschen im kulturellen Gedächtnis der Menschheit zu bewahren und ihr im Sinne eines neuen Christuserlebens auf das Menschheitliche gerichtetes Handeln als leuchtende Sterne immer vor Augen zu behalten.

Andreas Neider

Tafel der Nachkommen

Aristides de Sousa Mendes do Amaral e Abranches
* 19. Juli 1885, Cabanas de Viriato
† 3. April 1954, Lissabon

Maria Angelina Ribeiro de Abranches
* 20. August 1888, Beijós
† 24. August 1948, Lissabon

- **Aristides César**
  * 1909, Beijós, Portugal; † 1961, Coimbra, Portugal
- **Manuel Silvério**
  * 1911, Beijós; † 1934, Löwen, Belgien
- **José António**
  * 1912, Sansibar, Tansania; † 1972, Lissabon
- **Clotilde Augusta**
  * 1913, Sansibar; † 1990, Lissabon
- **Isabel Maria**
  * 1915, Sansibar; † 1989, Brüssel
- **Feliciano Artur Geraldo**
  * 1917, Sansibar; † 1968, Lissabon
- **Elisa Joana**
  * 1918, Curitiba, Brasilien; † 1997, Mangualde, Portugal
- **Pedro Nuno**
  * 1920, Coimbra; † 2005, Amadora, Portugal

- Carlos Francisco Fernando
  * 1922, Berkeley, Kalifornien;
  † 1999, Los Angeles, Kalifornien
- Sebastião Miguel Duarte
  * 1923, Berkeley; † 2007, Scottsdale, Arizona
- Teresinha do Menino Jesus
  * 1925, Porto Alegre, Brasilien; lebt in Kalifornien
- Luís Felipe
  * 1928, Tuy, Spanien; † 1988, Montreal, Kanada
- João Paulo
  * 1931, Löwen; † 2009, Antioch, Kalifornien
- Raquel Hermínia
  * 1933, Löwen; † 1934, Löwen

Aristides –
Andrée Cibial
*1908, Bordeaux; † 1991, Pau, Frankreich

- Marie-Rose
  * 1940, Lissabon; lebt in Frankreich

Danksagung

Für diese Neuausgabe des Buches von José-Alain Fralon wurde der Text, zehn Jahre nach der ersten deutschen Ausgabe, aktualisiert und überarbeitet. Dies wäre nicht möglich gewesen ohne die engagierte Unterstützung zahlreicher Menschen, die sich dafür einsetzen, die Erinnerung an das Leben Aristides de Sousa Mendes' wachzuhalten. Der Verlag bedankt sich für die Überlassung zahlreicher Fotos und Dokumente bei der Fundação Aristides de Sousa Mendes in Lissabon und der Sousa Mendes Foundation mit Sitz in Seattle, USA. Besonderer Dank für die Mithilfe an der Entstehung dieses Buches gebührt Sheila Abranches, Eileen Garehime und António de Moncada de Sousa Mendes, Enkelinnen und Enkel Aristides de Sousa Mendes', sowie Olivia Mattis und Harry Oesterreicher. Auch der Journalistin, Fotografin und Portugalkennerin Anna Katharina Stillisch sei noch einmal für ihre tatkräftige Unterstützung sowie für aufschlussreiche Hintergrundinformationen gedankt.

Anmerkungen

1 Fernando Dacosta, vor allem bekannt für *Máscaras de Salazar* (Die Masken Salazars). Lissabon 1997.

2 Hélène Gourby in: *Le Portugal. Coordination.* Paris 1989.

3 Jean-François Labourdette, *Histoire du Portugal.* Paris 2000.

4 Luis de Camões (1524–1580), einer der bedeutendsten portugiesischen Dichter, besang Inês in seinem Hauptwerk *Os Lusíadas* (1572), (dtsch. *Die Lusiaden.* Darmstadt 1987); Henry de Montherlant (1895–1972), *La Reine morte.* Paris 1947 (dtsch. *Die tote Königin*, Berlin 1962).

5 Jacques Marcadé, *Le Portugal au XXe siècle.* Paris 1988.

6 *Le Monde*, 28. Juli 1970.

7 Manuel Gonçalves Cerejera (1888–1972): später Erzbischof und Patriarch in Lissabon.

8 Jean-François Labourdette, *a. a. O.*

9 Éditions Verbo, 1990.

10 Jacques Marcadé, *a. a. O.*

11 Fernando Pessoa (1888–1935) war der bedeutendste portugiesische Schriftsteller des 20. Jahrhunderts. Sein Hauptwerk, *Das Buch der Unruhe*, erschien posthum 1982.

12 Maurice Maeterlinck (1862–1942): belgischer Schriftsteller und Dramatiker. Sein bekanntestes Werk, *Pelléas et Mélisande*, wurde von Claude Debussy für die Oper bearbeitet.

13 Antonio Ferro, *Salazar. O Homem e a sua obra* (Der Mann und sein Werk). Lissabon 1933. Eine französische und eine englische Ausgabe folgten bald.

14 Francisco Franco (1892–1975), der 1939 die Macht ergriff und bis zu seinem Tod behielt, wurde in Spanien »Il Caudillo«, der Führer, genannt.

15 Mário Soares, *Portugal – Rechtsdiktatur zwischen Europa und Kolonialismus*. Reinbek 1973.

16 Zitiert nach Antoine de Gaudemar, Nachwort zur französischen Ausgabe von Fernando Pessoa, *Lisbonne*. Paris 1997.

17 Ludwig XVIII. (1755–1824) regierte von 1814 bis zu seinem Tod.

18 »Memõrias de una empregada« (Erinnerungen einer Hausdienerin), *L'Expresso*, 9. November 1996.

19 Miguel Torga, *Die Erschaffung der Welt*. Freiburg 1991.

20 Benannt nach dem norwegischen Polarforscher und Diplomat Fritjof Nansen (1861–1930), der sich dafür eingesetzt hatte, dass Vertriebene, Flüchtlinge oder Ausgebürgerte Ausweispapiere vom Völkerbund erhielten, der Vorläuferorganisation der Vereinten Nationen. 1922 wurde er mit dem Friedensnobelpreis ausgezeichnet.

21 Jean Chédaille, *Bordeaux, Capitale de la France*. Bordeaux 1998.

22 Dominique Lormier, *Bordeaux pendant l'Occupation*. Bordeaux 1992.

23 Es war üblich, den Kindern, die neugierig nach ihrer Herkunft fragten, zu antworten: »Man hat dich in einem Weidenkorb aus Frankreich gebracht.«

24 Philippe Pétain (1856–1951): seit 1916 Oberbefehlshaber der französischen Armee und im Vichy-Regime *Chef de l'État* (Staatschef); Pierre Laval (1883–1945): 1932/33 und 1935/36 Ministerpräsident Frankreichs; Maxime Weygand (1867–1965): hoher Militärfunktionär im 1. und 2. Weltkrieg und im Vichy-Regime zwischenzeitlich Verteidigungsminister, ehe er von der Waffen-SS in Untersuchungshaft genommen, 1946 aber wieder freigelassen wurde; Charles de Gaulle (1890–1970): am 6. Juni 1940 von Premierminister Paul Reynaud zum Staatssekretär ernannt, musste er Frankreich nur wenige Tage später verlassen, da sein Gegner Pétain inzwischen legal die Macht übernommen hatte. Als er in London das Komitee *Freies Frankreich* gründete, wurde er vom Kriegsrat der Vichy-Regierung in Abwesenheit zum Tode verurteilt. 1945/46 war er Ministerpräsident und von 1959 – 1969 Präsident Frankreichs.

25 In Drancy, etwa 10 Kilometer nordöstlich von Paris, befand sich

ein Sammellager, von dem aus Tausende Juden, Sinti und Roma in deutsche Konzentrationslager deportiert wurden.

26 Maurice Papon (1910–2007) war ein hoher Beamter im Vichy-Regime und für die Deportation Tausender Juden verantwortlich. Nach dem Krieg wurde er von de Gaulle rehabilitiert. Im Jahr 1998 sprach man ihn wegen »Verbrechen gegen die Menschheit« schuldig und verurteilte ihn zu zehn Jahren Haft. Siehe auch: Thomas Vormbaum (Hrsg.), *Vichy vor Gericht. Der Papon-Prozess.* Baden-Baden 2000.

27 Michael d'Avranches, *A Flight Through Hell.* New York 1951.

28 Yehuda Bauer, geboren 1926 in Prag, ist ein israelischer Historiker, dessen Schwerpunkt die Holocaustforschung ist. Von 1996–2000 war er Leiter des International Centre for Holocaust Studies in Yad Vashem, wo er heute noch als wissenschaftlicher Berater tätig ist.

29 Georges Mandel (1885–1944) hätte im Juni 1940 an de Gaulles Seite nach London reisen können, um von dort aus den Widerstand zu unterstützen, lehnte jedoch ab, da er als Jude nicht den Eindruck erwecken wollte, aus Angst zu fliehen. 1942 wurde er für zwei Jahre in die Konzentrationslager Oranienburg und Buchenwald deportiert und kehrte 1944 zurück nach Frankreich; Georges Clemenceau (1841–1929): zunächst Journalist, später Politiker, der unter anderem durch seinen Einsatz in der Dreyfus-Affäre auf sich aufmerksam machte. Premierminister von 1906–1909.

30 Albert de Vleeschauwer (1891–1971) bekleidete in seiner politischen Laufbahn verschiedene Ministerposten und wurde 1954 von König Leopold in den Adelsstand erhoben. Nur wenige Jahre später verlor er aufgrund eines aufgedeckten Konkursschwindels sein Amt als Landwirtschaftsminister.

31 Robert Montgomery (1904–1981) spielte unter anderem Philippe Marlowe in der Verfilmung von Raymond Chandlers Roman *The Lady in the Lake* (Die Tote im See) von 1947.

32 Jean Sévillia, *Zita. Impératrice courage.* Paris 1997. (Deutsche Ausgabe: *Zita. Kaiserin ohne Thron.* München 2000.)

33 Charles Oulmont (1883–1984): Schriftsteller und bedeutender Kunstsammler.

34 Henri Zwi Deutsch (1939–2007). Eine Aufzeichnung des Gesprächs mit ihm in englischer Sprache findet sich unter: www.sousamendesfoundation.org

35 Lissy Feingold Jarvik, geboren 1924, ist emeritierte Professorin der UCLA (University of California Los Angeles) und heute – ebenso wie Sylvain Bromberger – Mitarbeiterin der Sousa-Mendes-Foundation in Seattle, USA.
Siehe ebenfalls: www.sousamendesfoundation.org

36 Rui Afonso, *Um homem bom. Aristides de Sousa Mendes, o Wallenberg Português*. Lissabon 1995.

37 Pétain war am 14. August 1945 von einem französischen Kriegsgericht wegen Kollaboration mit den Deutschen zum Tode verurteilt worden. De Gaulle wandelte die Strafe jedoch in eine lebenslange Haft auf der Insel Île d'Yeu um. Er starb 1951.

38 Mosco Galimir, siehe: Barbara von der Lühe, *Die Musik war unsere Rettung*. Tübingen 1998. 1930 gründete sein Sohn Felix Galimir mit seinen drei Schwestern das Galimir Streichquartett. Während Marguerite und einige Familienmitglieder in die USA ausreisten, zog es Felix und den Bruder Renée nach Palästina.

39 Baudouin I. (1930–1993), aus dem Haus Sachsen-Coburg und Gotha, wurde 1953 gekrönt.

40 Amerikanischer Historiker und Autor, geboren 1937. Verfasste unter anderem das *Historical Dictionary of Portugal*. Lanham ³2010.

41 Douglas L. Wheeler, »And who is my neighbor? A World War II Hero of Conscience for Portugal«, in *Luso-Brazilian Review* XXVI, University of Wisconsin Press.

42 *Arthur Koestler* (1905–1983): österreichischer Schriftsteller, zeitweise Mitglied der KPD, der 1939 vorübergehend in Drancy interniert wurde und ab 1940 in England lebte; *Herzog und Herzogin von Windsor*: Als König Edward VIII. hatte der Herzog (1894–1972) nach kurzer Amtszeit abgedankt, um die Amerikanerin Wallis Simpson (1896–1986) heiraten zu können; *Jean Gi-*

raudoux (1882–1944) Schriftsteller und Diplomat, Mitglied der Résistance und erklärter Gegner General Pétains; *Erich-Maria Remarque* (1898–1970) war bereits 1939 in die USA ausgewandert und lebte in den folgenden Jahren dort und in der Schweiz.

43 Bildunterschrift eines Fotos aus dem bemerkenswerten Bildband *Lisboa nos anos 40*, Lissabon 1997, von Mariana Tavares Dias.

44 Yves Léonard, *Salazarisme et Fascisme*. Mit einem Vorwort von Mário Soares. Paris 1996.

45 Isaac Bitton (1926–2006) wanderte in den 40er Jahren nach Palästina aus und war dort unter anderem für den Geheimdienst tätig. 1959 emigrierte er in die USA, in den 80er Jahren ließ er einen jüdischen Friedhof in der portugiesischen Stadt Faro restaurieren.

46 Yves Léonard, *a. a. O.*

47 Joseph Goebbels, *Tagebücher 1924–1945*. 5 Bände in Kassette. Herausgegeben von Ralf Georg Reuth. München 2008.

48 Mário Soares, *Portugal – Rechtsdiktatur zwischen Europa und Kolonialismus*. Reinbek 1973.

49 Júlia Nery, *Der Konsul*. Roman. Aus dem Port. von Verena Grubenmann Schmid. Zürich 1997, S. 55.

50 *Editorische Notiz:* An dieser Stelle weicht die aktuelle Ausgabe dieses Buches von der französischen Originalausgabe und ihrer deutschen Übersetzung aus dem Jahr 2001 ab. In einem Brief vom 2. September 2000 schrieb John Paul Abranches José-Alain Fralon, dessen Buch kurz zuvor erschienen war, einen Brief, in dem er einige historische Daten korrigiert. War Fralon davon ausgegangen, dass die meisten der Kinder sich während des Todes ihrer Mutter bereits im Ausland aufhielten, stellt Abranches richtig, wer von ihnen Portugal wann und in welche Richtung verlassen hat, und fügt hinzu: »Diejenigen, die die Hintergründe nicht kennen, könnten den Eindruck gewinnen, wir alle hätten unseren Vater nach dem Tod unserer Mutter im Stich gelassen. Tatsächlich aber gab es für uns, die Söhne und Töchter Dr. Aristides de Sousa Mendes', in Portugal keine Zukunft. [...] Unser Vater hat uns immer wieder gedrängt, in die USA zu gehen und sagte,

er werde später nachkommen. Dann aber, als wir fort waren, änderte er seine Meinung. Ich denke, er wusste, dass wir nicht gegangen wären, wenn dies bedeutet hätte, ihn allein in Portugal zurückzulassen.« Der Verlag dankt Frau Sheila Abranches, John Paul Abranches' Tochter, für die freundliche Überlassung dieses wichtigen Dokuments. Kleinere weitere Korrekturen an anderer Stelle wurden stillschweigend übernommen.

51 Júlia Nery, *Der Konsul*. S. 134.

52 Julien Benda (1867–1956), französischer Philosoph und Schriftsteller. *Der Verrat der Intellektuellen*. München 1978.

53 Frantz Fanon (1925–1961): Psychiater, Schriftsteller und Politiker. 1952 wurde *Schwarze Haut, weiße Masken* veröffentlicht. Wenige Tage vor seinem Tod erschien sein Hauptwerk *Die Verdammten der Erde*, in dem er seine politischen Ideen und Erfahrungen im Kampf gegen Kolonialisierung und Imperialismus zusammenfasste.

54 Júlia Nery, *Der Konsul*. S. 46.

55 Entspricht heute etwa EUR 1000,–.

56 Zitiert nach: R. P. Cuthbert, *La Vie de Saint François d'Assises*. Brüssel 1927.

57 Die Allee der Gerechten der Völker ist ein Teil der Gedenkstätte *Yad Vashem* in Jerusalem, offizieller Name: »Gedenkstätte der Märtyrer und Helden des Staates Israel im Holocaust«. Yad Vashem ist die größte Einrichtung zur Erinnerung und Dokumentation der Taten nichtjüdischer Personen, die sich während der NS-Zeit einsetzten, um Juden das Leben zu retten. Aristides de Sousa Mendes ist der einzige Portugiese, der hier vertreten ist.

58 David Ben-Gurion (1886–1973) war der erste Ministerpräsident Israels; zunächst von 1948–1953 und noch einmal von 1955–1963.

59 Mit dem Begriff Nelkenrevolution bezeichnet man den Sturz der Regierung Salazar vom 25. April 1974. Der Name stammt von den Nelken, die die friedlichen Demonstranten den Soldaten in die Gewehrläufe steckten. Der Umbruch zur Demokratie verlief nahezu unblutig.

60 Jean Moulin (1899–1943) war eine bedeutende Persönlichkeit der Résistance. In Bordeaux und Paris gibt es nach ihm benannte Museen.

61 *Aristides de Sousa Mendes – O Cônsul Injustiçiado* (1992). Drehbuch: Diana Andringa, Regie: Teresa Olga.

62 Adriano José Alves Moreira (geboren 1922) verfasste unter anderem das Buch *Portugals Überseepolitik*, Baden Baden 1963.

63 Pedro Nuno ist inzwischen ebenfalls verstorben, siehe die Tafel auf S. 195f.

64 Jean-Paul Franceschini in *Le Monde*, 28. Juli 1970.

65 Miguel Torga, *En franchise intérieure, Journal 1933–1977*. Paris, 1992.

66 Die französische Originalausgabe erschien 1998 beim Verlag Mollat, die englische Ausgabe 2000 bei Penguin, die deutsche Erstausgabe 2001 bei Econ. Ein erster Bericht Fralons erschien am 31. Oktober 1997 in *Le Monde*.

67 2007 wurde Sousa Mendes bei einer Umfrage als der drittbedeutendste Portugiese genannt. Allerdings trat bei dieser Befragung der Diktator Salazar immer noch an erster Stelle auf.

68 2010 ist allerdings in Frankreich eine neue, noch umfangreichere Biografie über Sousa Mendes erschienen, jedoch ohne wesentliche neue Erkenntnisse und ohne wissenschaftliche Absicht: Eric Lebreton, *Des visas pour la vie*.

69 *Désobéir* (Ungehorsam sein): Ein Film von Joël Santoni mit Bernard Le Coq in der Hauptrolle.

70 www.vision-und-verantwortung.de

71 Vgl. dazu sein Buch *Auslieferung auf Verlangen*, Frankfurt/Main 2009, das 1945 zuerst auf Englisch erschien.

72 Vgl. hierzu und zum Folgenden das Vorwort in Júlia Nerys Roman *Der Konsul* von Patrik von zur Mühlen, München 1999. Nerys Roman erschien noch vor Fralons Biografie 1992 zuerst in Portugal, macht allerdings die Erfassung des historischen Geschehens durch eine Verschränkung gegenwärtiger mit vergangenen Ereignissen nicht einfach. Auch dieses Buch ist bereits wieder vergriffen.

73 *1 Mose 32, 25–31*

74 *2 Korinther, 12,7–10,* Einheitsübersetzung.

75 Vgl. Saul Friedländer, *Das dritte Reich und die Juden,* München 2007, S. 575.

76 Vgl. hierzu die Wallenberg-Biografie von Christoph Gann, *Raoul Wallenberg. So viele Menschen retten wie möglich,* München 1999. Auch über Wallenberg gibt es einen Spielfilm: *Guten Abend Herr Wallenberg* (1990), vom schwedischen Regisseur Kjell Grede mit dem schwedischen Schauspieler Stellan Skarsgård in der Hauptrolle und auf Deutsch als DVD lieferbar.

Der Autor

José-Alain Fralon ist Journalist bei *Le Monde.* Für dieses Buch bekam er den Preis der *Académie des sciences, belles-lettres et arts de Bordeaux.*